TK_yL6y3m8CvojM4k

¿PUEDE UNA MÁQUINA SER JURISTA?

Manuel Jesús Rodríguez Puerto

MANUEL JESÚS RODRÍGUEZ PUERTO

¿PUEDE UNA MÁQUINA SER JURISTA?

ⅡⅡⅡARANZADI

© **Manuel Jesús Rodríguez Puerto**, 2024
© **Editorial Aranzadi, S.A.U.**

Editorial Aranzadi, S.A.U.
C/ Collado Mediano, 9
28231 Las Rozas (Madrid)
Tel: 91 602 01 82
e-mail: clienteslaley@aranzadilaley.es
https://tienda.aranzadilaley.es/
https://www.aranzadilaley.es/aranzadi

Primera edición, 2024
Depósito Legal: M-7471-2024
ISBN versión impresa: 978-84-1162-919-5
ISBN versión electrónica: 978-84-1162-920-1
Incluye soporte electrónico

Diseño, Preimpresión e Impresión: Editorial Aranzadi, S.A.U.
Printed in Spain

Esta publicación es parte del proyecto de I+D+i PID2019-108669RB-I00 financiado por MCIN/ AEI/ 10.13039/501100011033.

Índice General

Libro electrónico. Guía de uso

Introducción: las tareas de la inteligencia artificial jurídica

A estas alturas del siglo XXI la presencia de la inteligencia artificial (IA) en el Derecho es tan palmaria y tan relevante que no necesita mayor aclaración. No obstante, sí parece necesario hacer algunas precisiones acerca del alcance y de las limitaciones de esa tecnología cuando es empleada para resolver cuestiones jurídicas. Y lo es, entre otras cosas, para no dejarse llevar por fantasías optimistas o visiones catastróficas sobre un hipotético dominio de las máquinas.

Las investigaciones sobre ese empleo ya son numerosas, y el objetivo de las páginas que siguen no es explicar con detalle el funcionamiento de esas tecnologías (algo que es competencia de los ingenieros), sino estudiar hasta qué punto, gracias a esas técnicas, la IA puede desempeñar la profesión del jurista.

Antes de empezar, quiero precisar más el objeto de mi investigación. En primer lugar, la IA forma parte del campo más extenso de la tecnificación de la profesión jurídica, sobre todo mediante el uso de la aplicación digital del Derecho; es lo que se conoce como *Legal Tech*[1]. Esta abarca procedimientos y actividades muy diversos, que no necesariamente implican el empleo de IA, como la presentación digital de documentos procesales. Ciñendo el estudio a la IA, nuevamente es necesario distinguir entre la IA cuyo empleo puede afectar a bienes e intereses jurídicos y la IA que realiza funciones que son competencia tradicional de los juristas. En el primer caso, los programas, sistemas y aplicaciones varias llevan a cabo actividades de orden muy diverso (conducir vehículos o drones, ordenar productos en un

---

1.   Cfr. Wolff (2022), pp. 7 y ss. La *Legal Tech* es diferente del *Law Tech*, es decir la regulación jurídica del empleo de esas tecnologías de información dentro de la profesión jurídica. Vid. Crootof (2021), pp. 348.

almacén, generar ilustraciones, comparar precios de viajes, colaborar en vigilancia y seguridad, etc.), que pueden generar efectos a los que el Derecho presta atención, bien por los potenciales daños susceptibles de responsabilidad civil, bien porque pueden afectar el derecho a la intimidad (pensemos en los sistemas de reconocimiento facial), o porque sirven para ejecutar automáticamente un contrato en el caso de los denominados *smart contracts*. Estamos ante situaciones nuevas que el Derecho tiene que afrontar con regulaciones específicas o adaptando la existente.

Mi objeto ahora en las siguientes páginas no es éste, sino la IA que podemos considerar jurídica propiamente dicha, la que (como señalé más arriba) desempeña tareas competencia hasta ahora de los profesionales del Derecho. José Ignacio Solar Cayón ha estudiado con detalle los desempeños de esta IA. Tal y como nos explica, es capaz de redactar documentos, tales como contratos, y analizarlos; también es usada para diseñar procedimientos alternativos para la resolución *on line* de disputas jurídicas sencillas que afectan, por ejemplo, al comercio electrónico; realiza tareas de *compliance*, es decir, revisa el cumplimiento de los requisitos normativos que afectan a una entidad, como una empresa. En un proceso judicial, la IA repasa la documentación propia de una de las partes y selecciona aquello que interesa al curso procesal. Incluso puede buscar y analizar información jurídica para proporcionar respuestas hipotéticas a una cuestión jurídica. Otra de sus vertientes es la potencia predictiva, ya que hay sistemas de AI que ofrecen predicciones sobre la hipotética reincidencia de un condenado penal o sobre la posibilidad de incumplimiento de medidas preventivas por parte de un acusado; igualmente pueden predecir (con ciertos condicionantes) decisiones judiciales[2]. La potencia disruptiva que esta tecnología tiene para las profesiones jurídicas es difícilmente exagerable. Labores que tienen un carácter mayoritariamente rutinario, como el examen de documentos, están pasando rápidamente al ámbito de la IA con consecuencias inevitables para la organización de la profesión jurídica existente hasta ahora.

Esta eficacia con la que la IA jurídica realiza tareas tan variadas hace que, como indicaba más arriba, nos preguntemos si puede actuar como un jurista. A la vista de la situación actual parece que sí, porque las actividades enumeradas en el párrafo anterior son propias, evidentemente, de los juristas. Sin embargo, la respuesta no es tan sencilla, a causa tanto de la multiplicidad de facetas que tiene la profesión de jurista, como de los alcances de la IA, especialmente a la hora de resolver cuestiones complejas. En consecuencia, responder a la pregunta de la factibilidad de una máquina jurista requiere tener claro dos aspectos. El primero, qué es la IA y hasta qué punto

---

2.   Vid. Solar Cayón (2018), pp. y ss.

su funcionamiento puede ser semejante al de un ser humano; el segundo, cómo piensa el jurista; a partir de ahí será posible averiguar si las técnicas que componen la IA son capaces de adoptar todas o algunas de esas características del pensar jurídico. Veamos ahora el primer aspecto del problema.

Los contornos de la IA

SUMARIO: 2.1. MENTES, CEREBROS E IA.

No es fácil establecer una definición clara de la IA, entre otras cosas, porque la propia noción de inteligencia humana no es completamente clara.

La acepción más general y neutra de IA la considera un *software* capaz de ejecutar funciones que pueden ser consideradas inteligentes[3]. Una línea de investigación más específica mantiene que esos programas y sistemas pueden calificarse como inteligente, porque poseen cierta dosis de autonomía y margen de actuación no previstas[4]. En esa línea, la Comunicación de la Comisión al Parlamento Europeo, Consejo Europeo, Comité Económico y Social Europeo y Comité de las Regiones define la IA como conjunto de «sistemas que desenvuelven un comportamiento inteligente mediante el análisis de su entorno y realizando acciones, con cierto grado de autonomía, para conseguir fines específicos»[5].

Como veremos, es dudoso que podamos caracterizar a la IA como autónoma, porque ésta carece de libertad. Pero no adelantemos acontecimientos. Por otra parte, la *Propuesta de Reglamento del Parlamento y del Consejo de normas armonizadoras en materia de IA* deja claro que considera la IA como un

---

3.   Cfr. Burgard (2022), p. 11. Tallin / Nego (2022), p. 19. Franklin (2014), p. 15.
4.   Así la define Richmond Thomason en «Logic and Artificial Intelligence», en Zald, E.N. (ed.), *The Stanford Encyclopedia of Philosophy*, Summer 2020 Edition, https://platon.stanford.edu/archives/sum2020/entries/logic-ai/, p. 1.
5.   Inteligencia artificial para Europa, Comunicación de la Comisión al Parlamento Europeo, Consejo Europeo, Comité Económico y Social Europeo y Comité de las Regiones, 25.4.2018.

software[6]. Desde este punto de vista la denominada IA es un programa, una herramienta que sirve para realizar tareas concretas[7].

En todo caso, estamos ante una tecnología que está diseñada para desarrollar funciones aparentemente propias de la inteligencia humana. En uno de los libros más difundidos sobre IA, Stuart Russell y Peter Norvig la vinculan a una doble perspectiva: pensar y actuar como humanos o a pensar o actual racionalmente[8]. Esta identificación genera problemas, por supuesto, porque implica tener claro previamente qué es el pensar humano, la inteligencia o la racionalidad. En todo caso, la historia de esta investigación multidisciplinar que es la IA está marcada por hitos diversos, en los que se ha pretendido reproducir diferentes aspectos de la inteligencia humana[9].

Aunque los orígenes remotos pueden estar en los autómatas de la época ilustrada, el más inmediato lo constituye la obra de Alan Turing, que afirmó la posibilidad de diseñar un programa capaz de imitar capacidades humanas de forma que no fuera indistinguible de un humano: es el conocido «juego de la imitación» que propuso el matemático. La propuesta de Turing estaba basada en la viabilidad de trasladar el lenguaje humano a un lenguaje computacional, el que permitirá el desarrollo de la informática.

Si nos ceñimos al nacimiento de la denominación IA, el acontecimiento fundacional tuvo lugar más adelante, en la Conferencia celebrada en Darmouth (New Hampshire) en 1956 para desarrollar máquinas inteligentes; allí, John McCarthy propuso el nombre de inteligencia artificial, aunque otros participantes como Allen Newell y Herbert Simon pensaran que el término «procesamiento complejo de información» era más adecuado, al respondía mejor a la tecnología que estaban desarrollando. Sin embargo, triunfó la propuesta de McCarthy, convencido de que la denominación de IA llamaría más la atención[10].

Más allá de la cuestión de los nombres, la evolución posterior de las investigaciones en IA ha visto que los momentos de expectativas eufóricas sobre su desarrollo fueron sustituidos por la desilusión al comprobar que la tecnología emergente no cumplía esas expectativas, sobre todo cuando trataron de resolver problemas de la vida real[11]. Por otra parte, esas desi-

---

6.   Propuesta de Reglamento del Parlamento y el Consejo de normas armonizadas en materia de IA, art. 3.
7.   Cfr. Tallin / Nego (2022), pp. 19 y ss.
8.   Cfr. Rusell / Norvig (2004), pp. 2 y ss.
9.   Sobre la historia de la IA vid. Russel / Norvig (2004), pp. 19 y ss.
10.   Cfr. Acosta (2019), pp. 15-16. Franklin (2014), pp. 18 y ss.
11.   Cfr. Franklin (2014), p. 20.

lusiones también abrieron paso a éxitos prácticos indudables y avances espectaculares.

Para calibrar esos alcances, los ingenieros dedicados a estos menesteres distinguen tres niveles de IA. El primero es el de la IA débil. Esta es la que ahora existe: son sistemas capaces de realizar una tarea que hasta ahora ha sido competencia exclusiva del ser humano, y además capaces de hacerlo mejor y más rápido que los seres humanos. Ejemplos famosos son Deep Blue y Alpha Go, vencedores respectivamente de los campeones mundiales de ajedrez y go; otro programa, *Debater*, participó exitosamente en *Jeopardy*, un concurso televiso de preguntas. Una lista larga de sistemas de IA resultan eficaces en la búsqueda de datos, la conducción de automóviles, el manejo de videojuegos, el reconocimiento facial, la composición de música al estilo de Johann Sebastian Bach o de los Beatles, la pintura de una nueva obra de Rembrandt o la escritura de artículos periodísticos[12]. Ahora bien, los ingenieros llaman débil a esta IA, porque sólo son capaces de realizar esa única función. Los seres humanos, en cambio, saben hacer muchas cosas diferentes; claro está que esa variedad no es la misma en todas las personas, pero, en general, el humano tiene esa capacidad de desenvolverse en numerosas actividades. La debilidad de la IA está causada también, porque la máquina carece de autoconciencia, como el ser humano. Si una IA poseyera ambas características, pasaría a un nivel diferente: el de la IA en sentido fuerte. Sin embargo, esa fortaleza hoy está sólo en el plano de elucubraciones y proyectos, sin que los científicos e ingenieros sepan cómo llevarla a cabo[13].

Además de estos dos modelos, algunos investigadores (y también algunos pensadores con tintes de futurólogos) hablan de la superinteligencia, es decir, la IA que consigue sobrepasar la inteligencia humana. Desde hace décadas algunos expertos informáticos, filósofos e intelectuales proclaman la inevitable superación de lo humano a manos de la inteligencia artificial. Entre ellos ocupa una posición destacada Ray Kurzweil con su llamada de atención sobre la Singularidad; ésta consiste precisamente en el momento de llegada de una inteligencia superior a la humana, que Kurzweil predice próxima y ve sin temor; considera que la inteligencia biológica interaccionará con la artificial y de ahí surgirá una nueva forma que seguirá siendo humana, aunque ya no biológica[14]. En una línea parecida, Yuval Noah Harari explica que el homo sapiens está en vías de sustitución por la IA, ya que el ser humano no es más que información algorítmica biológicamente

---

12.   Un repaso de esas actividades lo ofrece Sautoy (2020), per totum.
13.   Lo cierto es que, como señala Génova (2016), p. 141, si una máquina tuviera conciencia, dejaría de ser una máquina computacional, es decir, un algoritmo.
14.   Vid. Kurzweil (2012), esp. pp. 438 y ss., 491 y ss.

codificada; la mayor eficacia de los nuevos algoritmos capaces de procesar información en una cantidad y a una velocidad mucho mayores que las neuronas humanas haría inevitable su triunfo[15]. La verdad es que no queda muy claro si Harari expone un curso inevitable de las cosas al modo de un nuevo Comte o si nos plantea una hipótesis de futuro posible para ayudar a plantearnos qué futuro queremos; pero sí es patente que considera al ser humano producto de una evolución biológica, en el que cualquier trascendencia, alma o realidad espiritual no es sino un relato útil para fines evolutivos, y, en consecuencia, ve factible la sustitución del humano por los nuevos algoritmos surgidos del silicio.

Hasta qué punto estas predicciones pueden ser exitosas es difícil de decir. Quizá eso no sea lo más importante, porque las prospecciones futuristas siempre son aventuradas; lo relevante de esas posturas es que expresan una tendencia creciente desde las últimas décadas hacia la superación de la especie humana, como ha señalado recientemente Fernando Llano: la IA sería uno de los varios intentos para pasar a una época posthumana, en la que la tecnología potenciaría las capacidades humanas[16]. Ese es precisamente el objetivo del libro de Ray Kurzweil al que acabo de referirme: al lado de la IA propiamente dicha en sus páginas aparece la posibilidad de transformaciones biomecánicas de la corporalidad humana e incluso la de copiar la conciencia. Jesús Ballesteros llama la atención sobre el rechazo por lo auténticamente humano que suponen estas aspiraciones tecnológicas. Porque implica una devaluación de la corporalidad y la subjetividad humanas, que aparecen sustituidas por una concepción de la mente entendida al modo de un programa informático[17]. Tal vez podamos considerar esta futurología un tanto pintoresca, pero eso no debe llevarnos a desdeñarla; con independencia de que se haga realidad, el riesgo que de ella se deriva es el menosprecio por la dignidad propia de lo humano que se esconde en esas llamadas a la superación mediante tecnologías que esconden las viejas pretensiones de dominación que muchas veces han dirigido el desarrollo técnico[18].

Sin embargo, no voy a tratar las tendencias posthumanas que avivan el desarrollo de ciborgs, sino que me ceñiré a la IA en sentido débil, la que ahora existe, y la empleada para resolver cuestiones jurídicas. Y la pregunta que planteo es hasta qué punto esa IA consigue desarrollar un pensamiento similar al del humano y, específicamente, similar al del jurista. Esta cuestión

---

15.   Vid. Harari (2019), pp. y ss.
16.   Vid. Llano (2018), pp. 91 y ss.
17.   Cfr. Ballesteros (2007), pp. 28 y ss. Albert (20219, pp. 222 y ss.
18.   Vid. Belzunegui (2020), per totum, que reclama atención sociológica a la nueva realidad de la IA, refiriéndose a las conciencias emergentes y a tecnologías dominantes.

requiere tomar partido en la tensión entre el paradigma de la herramienta y el de la IA que interactúa con los seres humanos para desarrollar una inteligencia general[19]. Afirmar que una máquina puede ser jurista implicaría abandonar el paradigma de la herramienta.

El acercamiento al problema requiere que seamos conscientes de que la expresión IA no nombra una cosa concreta, sino una multiplicidad de técnicas diversas para construir máquinas dotadas de procesos aparentemente imitadores de razonamientos humanos. Aunque al tratar de la IA específicamente jurídica me referiré brevemente a algunas de esas técnicas en la medida en que son empleadas para intervenir en el Derecho, quiero señalar ahora que su base común está en el diseño de instrucciones formalizadas para conseguir resultados en un tiempo breve, es decir, en el desarrollo de algoritmos. La IA está relacionada directamente con la ciencia computacional, con la capacidad de modelizar determinadas formas de razonamiento en estructuras formales que traduzcan la forma humana de conocer[20].

De ahí que una de las preguntas básicas de este libro sea averiguar si el razonar del jurista puede explicarse mediante instrucciones formalizadas. Pero antes de entrar en esa cuestión, quiero plantear (sucintamente) si la mente humana funciona mediante procedimientos algorítmicos.

2.1. MENTES, CEREBROS E IA

Margaret Boden se pregunta si la IA es verdaderamente inteligente y responde que el objetivo de la IA es proporcionar herramientas útiles, no imitar la inteligencia humana y menos aún hacer creer a los usuarios que interaccionan con una persona[21]. La idea me parece particularmente pertinente: la IA en sentido débil es una herramienta, extraordinariamente útil y capaz, pero una herramienta. Es innegable que estos instrumentos son considerados capaces de actuaciones con rasgos propios de la inteligencia. Los documentos de la UE acerca de IA la definen a partir de características como la capacidad de resolver objetivos y de hacerlo con cierta autonomía. Quizá la palabra autonomía no sea la más adecuada, porque la autonomía implica autodeterminación, que a su vez presupone autoconciencia, la adopción de decisiones y la realización de elecciones; nada de esto ocurre con la IA. Sí es cierto que el resultado de emplear un algoritmo no siempre es predecible por parte de su programador, debido a la complejidad en la comparación de patrones, pero esa impredecibilidad no es lo mismo que la decisión autónoma propia de los humanos.

---

19. Cfr. Tallin / Ngo (2022), pp. 19 y ss.
20. Cfr. Bringsjord / Govindarajulu (2022), pp. 7 y ss.
21. Cfr. Boden (2017), pp. 120 y ss.

Esas diferencias entre máquinas y humanos ya habían sido resaltadas en el tiempo en que la IA parecía desplegar sus ilusiones. Uno de los críticos de la IA fue, ya en los sesenta, Hubert Dreyfus al señalar las limitaciones del lenguaje computacional digitalizado para imitar el procesamiento humano de información[22]. Más adelante, John Searle sostendría que el conocimiento no es sólo la manipulación formal de símbolos[23]. De lo que podemos deducir que la IA construida por algoritmos no piensa.

A mediados de los años setenta del siglo XX, Joseph Weizenbaum, con experiencia investigadora en estos asuntos (había desarrollado el programa ELIZA, que simulaba la conversación con un psicoterapeuta) lanzó críticas amargas contra los intentos de igualar la denominada IA con la realidad humana. Weizenbaum explicaba que las supuestas máquinas inteligentes en realidad no son más que herramientas que desempeñan tareas específicas, algo que ya ocurría en otro nivel con las máquinas autómatas del siglo XVIII. La postura que concede inteligencia a tales máquinas obedece, a juicio de Weizenbaum, a una equivocada posición epistemológica reduccionista que él vincula al concepto moderno de ciencia, y que niega la existencia de todo aquello que no es captado por el método científico. Derivada de ese reduccionismo está la identificación de todo lenguaje con una sintaxis que sería traducible en una programación informática. Frente a estos presupuestos y derivaciones, Weizenbaum sostiene que no todo lo existente es captable mediante el método científico, y desde luego no lo es la realidad estrictamente humana, entre otras cosas, porque el lenguaje natural no puede traducirse mediante el lenguaje que emplea el ordenador. Cita a Ionesco para apoyar su postura: «No todo es intraducible en palabras; sólo la verdad viva». Y basa su postura polémica frente a la IA en última instancia en la crítica de la razón instrumental desarrollada en autores como Max Horkheimer (al que cita)[24]. De forma aparentemente incoherente, Weizenbaum explica que no se deben encargar tareas humanas a los ordenadores, a causa de la diferencia entre ser humano y ordenador: pero esa diferencia no implica que el ordenador no pueda hacerlas, sino que hace éticamente inadmisible que las encarguemos[25]. Hablo de incoherencia, porque si existe

---

22. Cfr. Dreyfus (1965), per totum.
23. Cfr. Searle (1980). Aquí aparece su experimento mental de la caja china, para mostrar que el mero manejo de signos, sin entender ni intencionalidad, no es una muestra de inteligencia.
24. Recientemente insiste en esa crítica Carabantes (2016), pp. y ss., que considera la actual situación de la IA como una manifestación de razón instrumental utilizada para perpetuar el poder. Este autor también sigue a autores como Horkheimer y Adorno. Frente a la razón técnica, Carabantes aboga por una razón objetiva que la dirija desde un interés emancipatorio.
25. Cfr. Weizenbaum (1978), per totum.

ese salto entre la inteligencia humana y el diseño informático, las tareas humanas nunca podrán ser realizadas por el ordenador, aunque se las encarguemos. Me parece que lo que Weizenbaum quiere decir es que la tarea específicamente humana llevada a cabo por la IA conseguirá algún tipo de resultado, pero ese resultado sería abiertamente inhumano, supondría el dominio de las consideraciones meramente instrumentales que incluyen los programadores y descuidará lo verdaderamente humano.

Desde luego, es posible objetar a estas reflexiones de Weizembaum que fueron realizadas cuando la IA estaba menos desarrollada que ahora en lo que respecta a captación del lenguaje natural o la adquisición de habilidades parcialmente creativas, como la pintura, por ejemplo. No obstante, el núcleo de la crítica de Weizenbaum, el abismo ontológico (ésta no es la expresión del científico americano) es una preocupación que sigue presente en las reflexiones filosóficas actuales sobre los límites de la IA. Con el paso del tiempo esas críticas se han afinado.

En efecto, en primer lugar, es preciso señalar la base biológica que tiene la inteligencia humana, frente al silicio que conduce los algoritmos de IA. Al respecto, Juan Arana llama la atención acerca de que el movimiento que busca la IA fuerte pretende que la mente humana debe desprenderse de la parte biológica para trasladarla a soportes más duraderos. Pero añade que esa pretensión es irreal, porque una «evidencia disponible abrumadora» muestra que la inteligencia humana no consiste en algoritmos lógicos vehiculados por descargas neuronales; en consecuencia, no es posible dar explicación determinista y completa del hombre, a pesar de que los cultivadores de la IA no abandonen esa explicación determinista[26]. En esa línea, Margaret Boden señala algunas de las particularidades que impiden esa identificación como inteligente de la IA. Una de ellas es la importancia de la neuroproteína: es una sustancia que permite propiedades electroquímicas capaces de transmitir información; la IA carece de esa característica[27]. Aunque la misma Margaret Boden también considera discutible que esa base biológica pueda servir de base efectiva para distinguir la inteligencia humana de la artificial, recordar ese aspecto es importante.

Antes señalé que Harari sostiene, precisamente, que somos algoritmos biológicos para justificar su predicción de sustitución del *homo sapiens* por la IA. Pero lo cierto es que la inteligencia que funciona como códigos de instrucciones la importancia de la base biológica es muy considerable, porque influye (no determina, como ahora veremos) el funcionamiento de la inteligencia centrada en este asunto. La Neurociencia expone un funciona-

---

26. Cfr. Arana (2018), pp. 76-77.
27. Cfr. Boden (2017), pp. 134 y ss.

miento del cerebro muy distante del comportamiento de un algoritmo; este se basa en instrucciones tasadas y formalizadas, y el cerebro no parece comportarse de esa forma.

Como neurocientífico, Francisco Mora explica que un ordenador es inhumano, porque carece de un ingrediente básico, adquirido por los seres humanos a lo largo de millones de años: la conciencia, que «no sabemos qué es en términos neurobiológicos»[28]. Aparte de la conciencia, el funcionamiento cerebral tiene como elementos imprescindibles a las emociones y sentimientos a la hora de llevar a cabo razonamientos, sobre todo cuando se trata de cuestiones relacionadas con personas y entornos sociales[29]. En el razonamiento, explica Ignacio Morgado, la emoción sirve para concentrar atención, evaluar hipótesis, anticipar reacciones (gracias a la memoria); sin ese apoyo, la decisión sería neutra y la «solitaria y fría lógica» podría ser insuficiente para discernir lo más conveniente en situaciones presentes y futuras[30].

Otro aspecto esencial, señala Mora, es la plasticidad del cerebro; este cambia neuronalmente mediante mecanismos de aprendizaje, memoria e interacción con el medio ambiente que le rodea; de ahí que el cerebro sea un sistema abierto siempre cambiante[31]. Esa apertura marca otra diferencia clave con el ordenador. Éste se basa en señales claras, precisas, codificadas previamente y carentes de ambigüedad y necesidad de interpretación. En cambio, el cerebro está formado por una cantidad tal de conexiones que no puede compararse con ninguna máquina construida por los humanos y es capaz de categorizar y clasificar sin códigos preestablecidos[32]. Y toda esa actividad se despliega gracias a la corporeidad de tales interacciones[33].

Por tanto, las diferencias entre inteligencia humana e IA consisten en la mayor complejidad, plasticidad y corporeidad del cerebro, que permiten desarrollar una vida abierta al entorno y no mecanizada. Es preciso recordar, por otra parte, que los avances de la neurociencia llevan a hipótesis y a propuestas abiertamente discutibles. Algunos neurocientíficos hablan del surgimiento de disciplinas específicas como la neuroética y el neuroderecho. El núcleo de esta nueva forma de entender el comportamiento del ser humano, basada en la neurociencia, reside en la ubicación de todo el espectro de principios, valores y bienes morales dentro del cerebro; dicho de otro

---

28. Cfr. Mora (2004), p. 192.
29. Cfr. Mora (2004), p 28, Mora (2007), p. 29.
30. Cfr. Morgado (2004), p. 44.
31. Cfr. Mora (2002), pp. 139 y 220 y ss.
32. Cfr. Mora (2002), pp. 36-37.
33. Cfr. Mora (2002), pp. 38-39.

modo, toda la vida práctica humana (incluyamos también en ese concepto el derecho) es una creación cerebral, el producto de la interacción neuronal, el resultado final de un proceso bioquímico[34].

Esta conclusión es considerada insostenible por autores como Michael Pardo y Dennis Patterson, por ejemplo. Ellos rechazan lo que denominan falacia mereológica, que consiste en atribuir una función o habilidad a una parte cuando corresponde al todo del que es parte. Eso ocurre cuando las actividades mentales se atribuyen al cerebro y no al humano en su conjunto. Y es a la vida humana en su conjunto a quien hay que atribuir los conceptos morales. Estos autores defienden una explicación materialista de la actividad humana, aunque no reduccionista como la propugnada desde la neurociencia a la que critican; ese reduccionismo considera que sólo existen procesos físico-naturales explicados por la investigación científica. El comportamiento es el producto de fuerzas causales naturales, de forma que la Neurociencia promete explicar los procesos mecánicos que causan el comportamiento. Pero, según Pardo y Patterson, las directrices del comportamiento humano no se derivan desde la química cerebral. Defienden una noción de mente que consideran aristotélica y según la cual ésta no es una cosa, no es algo situado en un lugar, es una actividad que comprende lo humano en su conjunto[35].

Desde esa misma base filosófica materialista, Marino Pérez Álvarez critica acerbamente el que denomina «cerebrocentrismo» dominante en la neurociencia, para defender una comprensión de la persona desde múltiples dimensiones que abarcan la corporeidad, la conducta y la cultura; nada de ello es posible sin el cerebro, pero no es éste el que crea tales dimensiones. La relevancia concedida a la neuroimagen (que mostraría la parte del cerebro activada ante ciertas incitaciones) no está justificada, porque ésta muestra flujos sanguíneos cerebrales coincidentes con determinadas actividades, pero no explica en qué consisten esas actividades ni permite comprenderlas. Y no lo consigue, sostiene este autor, porque la actividad personal se desenvuelve gracias a la acción de todo el cuerpo y

---

34. Aunque la Neurociencia sea novedosa, la pretensión de fundar toda actividad humana en la bioquímica cerebral no lo es tanto, sino que entronca con la línea de materialismo filosófico que recorre la historia de la Filosofía ya desde Grecia (pensemos en Demócrito o Epicuro). No obstante, el antecedente más próximo de la vertiente de la neurociencia actual que todo lo sitúa en el cerebro es el materialismo de la Filosofía ilustrada del siglo XVIII, como el propugnado por los franceses D'Holbach o Helvetius. Francisco Mora está pertenece a esta línea de Neurociencia, pero eso no implica que sus apreciaciones sobre plasticidad y apertura cerebral no sean pertinentes.

35. Cfr. Pardo / Patterson (2013), pp. 21, 25, 45 y ss.

a la interacción ambiental, de forma que éstas incluso modifican el cerebro, caracterizado por la plasticidad[36].

A partir de estas reflexiones, que he expuesto muy resumidamente, parece plausible afirmar que el comportamiento humano no consistir en el resultado de instrucciones o algoritmos escritos en el cerebro, por muy biológicos y complejos que sean tales algoritmos. En consecuencia, difícilmente puede imitar una programación artificial a una inteligencia como la humana que se desenvuelve en un diferente plano de realidad. El estudio de ese plano es asunto al que no puedo dedicarme ahora, aunque remite en última instancia al problema de la razón práctica del que me ocuparé más adelante.

Otro aspecto de la neurociencia que puede afectar a la posibilidad de la IA es el de la libertad. Algunos experimentos neurocientíficos, como el realizado por Libet, parecen mostrar la inexistencia de libertad humana. Para los negadores de la libertad, las sedicentes decisiones humanas no son sino producto de las interacciones neuronales, que tienen una base física como todo lo real, la libertad no existe, y los conceptos básicos de la moral y el Derecho se tambalean (pensemos en la culpabilidad). Pero, al igual que la identificación mente y Derecho no está clara como algunos pretenden, tampoco está demostrado que la libertad sea imposible: el mencionado experimento de Libet, por ejemplo, ha sido cuestionado, porque se refiere a movimientos corporales muy simples y porque los tiempos estimados son muy reducidos; algunos investigadores no lo consideran concluyente. Dejando ahora la cuestión abierta, lo que sí parece posible decir es que la neurociencia no ha demostrado que la libertad humana sea imposible[37]; y dado que la IA no posee libertad, esa ausencia es un dato esencial para marcar su diferencia con la inteligencia humana.

Aunque no quiera incurrir en cerebrocentrismo, tampoco me parece sensato negar el papel que desempeña el cerebro en el despliegue del pensamiento. Y desde luego, éste funciona, gracias a su plasticidad y apertura y a la presencia de lo emocional, de manera muy diferente a los sistemas de

---

36. Vid. Pérez Álvarez (2022), per totum.
37. Buena parte de esos debates en el terreno jurídico los protagonizan los penalistas. Vid. Crespo (2011), per totum, en donde se recogen las alternativas entre la negación de la libertad y la responsabilidad y la posibilidad de su mantenimiento. Una adhesión a las aportaciones materialistas de la ciencia y a sus consecuencias jurídicas negadora de la libertad la encontramos en Molina (2000). Una visión crítica con la supuesta inexistencia de libertad descubierta por la neurociencia la expone González Lagier (2012) y (2018), Pérez Manzano (2012), Narváez (2012). Estas críticas están planteadas desde presupuestos materialistas, es decir, para estos autores la presencia de libertad no implica una fundamentación trascendental de la misma. Cuestión diferente es hasta qué punto la libertad puede derivarse desde la materia misma.

IA construidos mediante algoritmos y lenguaje computacional. Ante el problema de la elección, Francisco Mora explica que el cerebro cambia, porque nos hacemos a nosotros mismos. La libertad es un acto de elección consciente que viene predeterminado por el marco personal de referencias que posee el individuo en su cerebro; esa elección está constreñida por elecciones previas basadas en el aprendizaje, intelectual y emocional, que se plasma en la memoria. Esas elecciones «cambian y recambian nuestro cerebro al colocarnos ante nuevos marcos sociales elegidos por nosotros»: nos hacemos con nuestras elecciones. Este autor se pregunta si estamos determinados por el cerebro y sostiene que el ser humano es impredecible en sus respuestas, porque todo cambia, incluyendo las circunstancias[38]. Y es que el cerebro no es determinista, «sino sistema abierto en constante cambio e interacción con su medio ambiente y social». Por eso la toma de decisiones incluye la presencia de valores en grado variable, dependiendo de aspectos subjetivos y del contexto. Pero reconoce que es difícil diseñar experimentos que puedan proporcionar datos sobre el lugar donde aparece el valor asigna a algo el cerebro[39]. Reparemos en que la tesis de Mora, un partidario de que todo surge en el cerebro, de manera implícita hace depender el cerebro de la interacción con realidades externas inevitablemente complejas, complejidad que hace imposible describir la actividad inteligente a modo de función de pasos tasados que lleve a un resultado concreto[40]. Y, además, esa relevancia de lo extracerebral implicaría que el pensamiento no es simplemente creación del cerebro, porque el conocer depende, en última instancia, de realidades extracerebrales, lo que contradice el cerebrocentrismo.

En consecuencia, a partir de este tipo de aportaciones, parece que la comprensión e interpretación de hechos, textos, obras, no es una creación exclusiva y endógena del cerebro, sino que es elaborada por la apertura de la actividad cerebral a incitaciones exteriores.

---

38. Mora (2002), p. 226.
39. Mora (2007), pp. 128, 157.
40. Ante los problemas del determinismo cerebral es preciso recordar que la Física, desde hace años, ha planteado serios retos a la descripción de la realidad como un ámbito de movimientos puramente mecánicos inexorablemente determinados. No sería extraño, por tanto, que el cerebro también se comportara de forma no determinista. Vid. Arana. Por otra parte, el determinismo parece adoptar configuraciones peculiares según afirman los defensores de las teorías del caos y la complejidad: existen sistemas no lineales en los que el proceso es determinista, pero el resultado no es predecible desde los puntos de partida si aparecen pequeñas variaciones circunstanciales. Vid. Mancha (2017). Los algoritmos de aprendizaje automático y profundo parecen presentar similitudes con ese comportamiento complejo, aunque ese parecido requiere una investigación detenida.

En un plano filosófico más general, el reconocimiento de la apertura plástica del cerebro, enlaza con el problema epistemológico que plantea fundamentar un sistema: éste no puede fundarse a sí mismo, sino que ha de encontrar asideros en otras instancias: eso mismo ocurre con la dinámica cerebral, cuyo funcionamiento exige una realidad extrasistémica[41]. Por otra parte, es llamativo que las reflexiones de la neurociencia no resulten ajenas a las que ha desarrollado la filosofía hermenéutica. Hans-Georg Gadamer había planteado la ontología de lo humano como una interpretación de la propia situación ante las incitaciones siempre nuevas que plantea la vida. La persona se mueve siempre en un horizonte y contexto determinados y el sentido con el que dota a la propia vida aparece mediante la actualización de esas realidades ante circunstancias nuevas siempre cambiantes. El ser humano no es una cosa estática, sino ser en constante apertura a las incitaciones de su ambiente.

El punto de partida de estas reflexiones lo proporcionó Martin Heidegger en sus cursos y escritos de Friburgo que tanto influyeron en Gadamer. En efecto, en un momento temprano de su obra, Heidegger critica una concepción de lo psíquico como descomposición en procesos elementales y hechos fundamentales, tales como sensaciones y representaciones. En realidad, lo que existe es una esfera total que ofrece una unidad de conexión objetiva en la que sumergirse, y no un yo separado de esas conexiones; el yo vive siempre dirigiéndose a algo en una actitud interrogativa como vivencia de algo[42]. Heidegger subraya que las cosas no son objetos que «están ahí», sino que en realidad forman parte de una vivencia: el mundo que nos rodea no consta de cosas como objetos que además tienen significado, sino que es el significado lo que se da primariamente[43].

Este filósofo denominó a esta ontología «hermenéutica de la facticidad», que «habla desde lo ya interpretado y para lo ya interpretado»; de ahí que al ser que está capacitado para la interpretación le sea inherente estar ya interpretado: la hermenéutica no es aprehensión del objeto, sino entendimiento previo y provisional a toda argumentación y discusión racional. Heidegger subraya que «el dominio del entendimiento fáctico no es algo que se pueda calcular de antemano ni nunca». No se puede normalizar su repercusión en la aprehensión y en la comunicación mediante expresiones matemáticas[44]. Por supuesto, la filosofía de Heidegger tiene una densidad

---

41. Cfr. Orón / Sánchez-Cañizares (2017), pp. 610 y ss. Es habitual citar a Gödel como expositor de este problema, aunque debe tenerse en cuenta que se refería al sistema de los números naturales.
42. Cfr. Heidegger (2005), pp. 72, 80 y ss. (La obra es de 1919).
43. Cfr. Heidegger (2005), pp. 84 y 88.
44. Cfr. Heidegger (2008), pp. 33, 36-39.

que estas breves referencias apenas tocan[45], pero sí me interesa destacar que
la intuición heideggeriana concibe la realidad que no puede concebirse
como un punto de vista aislado que controla y contabiliza lo exterior, sino
como un conjunto de interpretaciones en el que el humano se inserta y
obtiene su inmediata fuente de sentidos; para este planteamiento, la realidad no puede ser controlada ni contabilizada desde un punto de vista aislado y exterior[46]. Es verdad que Heidegger se despreocupó por la posibilidad de racionalizar ese plexo de sentidos y ha sido Gadamer el que se ha
encargado de la tarea (lo recordaba Habermas, cuando hablaba de éste
como el urbanizador de la provincia de Heidegger[47]). En efecto, Gadamer
parte también de un horizonte de significados dados, interpretados, en el
que el ser humano inevitablemente ha de moverse; pero eso no implica que
carezca de la posibilidad de abandonarlos o modificarlos: al contrario, la vida
humana es constante actualización y esa actualización es siempre interacción con otros mediante el lenguaje; esa interacción implica la posibilidad
de argumentar, discutir e intercambiar, «fusionar horizontes» en la terminología gadameriana. Precisamente a partir de la influencia hermenéutica,
aunque ahondando en otras aportaciones propias de la filosofía del lenguaje
y sus presupuestos comunicativos de la comunicación, Karl-Otto Apel ha
explicado que la logística moderna se ha basado en la semántica del lenguaje
formal entendido como cálculo, que contiene las reglas de toda posible
designación del mundo. Pero esa construcción es insuficiente, alerta Apel,
porque no es posible una regulación del lenguaje que no presuponga experiencias, y éstas a su vez no son posibles sin convenciones lingüísticas crea-
das de forma intersubjetiva. Los signos son interpretados por medio del uso

---

45. Entre otras cuestiones complicadas aparece el papel de la decisión humana en este
filósofo. Aunque no pueda tratarlo aquí, si quiero recordar el problema que presenta
en Heidegger la derivación ética desde esta facticidad. Una auténtica reflexión ética
debe superar el decisionismo (en el que parece caer Heidegger) y abrirse a una actitud
crítica y racionalizadora ante la situación hermenéutica. Cfr. sobre esto Rodríguez
(1997), p. 109. Heidegger no estuvo muy preocupado por esa racionalización. Su postura a partir de *Ser y tiempo* osciló entre el decisionismo y el abandono poético en el
ser. Esto no obsta para que sus reflexiones sobre la situación hermenéutica y la facticidad no aporten un punto de vista interesante para la comprensión de lo humano.
Sobre las limitaciones de la sola facticidad y la necesidad de una razón práctica cfr.
Conill (), pp. 196, 204-205.
46. Al hablar de ética y AI Bernd Carsten Stahl señala que entre los aspectos que han
impedido el desarrollo de una IA general está el descuido de los aspectos existenciales
y fenomenológicos del «estar en el mundo» en el sentido de Heidegger. Cfr. Stahl
(2021), p. 12. Este autor no precisa nada más y, por tanto, la afirmación es excesiva-
mente simple, como es habitual en las referencias de los dedicados a la IA cuando
mencionan la fenomenología continental. Las dificultades del pensamiento de Heidegger están ausentes de esas reflexiones.
47. Cfr. Habermas (1986), p. 354.

humano de tales signos en una *praxis* vital, en una comunidad lingüística y corporal[48].

Estas reflexiones ontológicas tienen relevancia a la hora de entender el alcance de la IA. Como sostiene Gadamer, «no puede haber lenguajes artificiales», porque introducir uno artificial presupone otro lenguaje en el que se hable y que sirva como metalenguaje: es aquel en el que hablamos y vivimos[49]. Desde el punto de vista del sociólogo, Anthony Giddens adopta planteamientos de la hermenéutica para explicar que la comprensión del sentido se manifiesta en el lenguaje gracias a comprender lo que hacen otros. El lenguaje es un sistema de signos, pero éstos no son simplemente una «estructura de descripciones potenciales», sino medio para una actividad social práctica; una narración que produce sentido en actos comunicativos y que no puede ser aprehendido simplemente por referencia a un léxico ni puede ser transcrito a esquemas de lógica formal «que prescindan de la dependencia de un contexto»[50]. Giddens plantea el estudio del sentido de la acción humana y rechaza que pueda obtenerse de las ciencias naturales al modo positivista.

La mención del positivismo de base empirista (criticado por autores como Gadamer o Apel) es pertinente a la hora de calibrar la algoritmización y la vertiente computacional del lenguaje. John Searle había explicado que hablar un lenguaje es realizar actos de acuerdo con reglas constitutivas; el habla es una convención opuesta a técnicas, estrategias y procedimientos. El lenguaje natural, en consecuencia, se basa en reglas, pero no computacionales; se trata de una semántica que se manifiesta en realizaciones convencionales. Y, además, Searle añade que hay una diferencia de reglas y regularidades: las reglas, a diferencia de las regularidades, cubren de manera automática nuevos casos, porque el agente sabe qué hacer ante un caso que no ha visto con anterioridad[51]. Y es importante que Searle destaque la insuficiencia de un acercamiento puramente formal a los actos de habla[52]. La idea es reseñable en un estudio sobre IA, porque indica que la regla que conforma el lenguaje natural tiene una flexibilidad que le permite adaptarse a nuevas circunstancias. Searle no se refiere al Derecho, pero

---

48. Cfr. Apel (), pp. 127, 139, 297, 301. Apel menciona la influencia de Gadamer en su pensamiento (pp. 25 y ss.), aunque aporta un plano de justificaciones críticas de lo dado que no están presentes en la Hermenéutica de Gadamer.

49. Cfr. Gadamer (2000), p. 56. Gerhard Frey ya había destacado que no era posible matematizar completamente el lenguaje natural. Frey (1972), pp. 156 y ss. Esta reflexión sobre matematización puede aplicarse a la formalización en general.

50. Cfr. Giddens (2007), p. 36.

51. Cfr. Searle (2017), pp. 54-55, 60.

52. Cfr. Searle (2017), p. 31.

debemos tener en cuenta su apreciación a la hora de calibrar el alcance limitado de una algoritmización del Derecho.

Es preciso tener presente que la algoritmización de la inteligencia humana que pretenden algunos expertos en IA está conectada con algunos rasgos del empirismo científico moderno y sus métodos anejos, todos afectados por una abierta crisis epistemológica en el siglo XX. Ese empirismo anclaba sus raíces en un movimiento filosófico que, desde el siglo XVII, redujo lo cognoscible a los datos empíricos proporcionados por los sentidos y a la posterior reelaboración por parte de la inteligencia humana de esos datos. Uno de los más conspicuos empiristas, Thomas Hobbes, afirmaba que conocer no era sino calcular, y esa identificación del conocer con lo cuantitativo tendría gran éxito en los siglos posteriores[53]. Desde luego, sería una simplificación un tanto grosera resumir las epistemologías modernas en esa fórmula (pensemos en la alternativa kantiana, por ejemplo), pero sí es cierto que la línea empirista consiguió un apoyo considerable entre los pensadores modernos, un empirismo que culmina con el positivismo lógico de las primeras décadas del siglo XX. Si ese positivismo es acertado, no sería una pretensión ilusoria desmontar la realidad en datos puntuales que fueran reordenados en fórmulas claras y algorítmicas; esa labor incluiría también la construcción de algoritmos que contuvieran los criterios del comportamiento humano. El problema es que ese empirismo positivista (no hablo ahora del positivismo de los juristas) entró en crisis al no poder explicar la conformación de explicaciones de lo real exclusivamente desde datos protocolares primarios, dotados de una presunta asepsia de horizontes teóricos, de conceptos generales y de hipótesis previas. Porque la mente no funciona mediante procesos computacionales, ni el mundo es descriptible mediante hechos simples, ni es posible renunciar al sentido propio de la dimensión social de la realidad; todo esto imposibilita, a juicio de Manuel Carabantes, la IA en sentido fuerte[54].

La postura hermenéutica ha sido criticada desde posturas rigurosamente materialistas que critican la (inexistente para ellos) racionalidad de las denominadas «ciencias del espíritu» (entre las que incluyen la Herme-

---

53. Cfr. Hobbes (1839), p. I, cap. V, pp. 29-30, donde sostiene que razonar no es sino calcular o computar, es decir, añadir o sustraer consecuencias de los nombres generales que expresan los pensamientos. Claro que Hobbes no desarrolla su teoría mediante un lenguaje computacional, sino mediante lenguaje natural de especialidad filosófica, igual que ocurrió en filósofos ilustrados posteriores.

54. Cfr. Carabantes (2016), pp. 348 y ss. Este autor conecta estas consideraciones con una filosofía a la que considera holista y pragmática basada en el segundo Wittgenstein, Heidegger y Gadamer. Un análisis de la crisis del Empirismo y la forma en que eso obliga a replantear las cuestiones morales y jurídicas lo ofrece Carpintero (2012) y (2018).

néutica) que pertenecerían a un supuesto plano distinto del material estudiado por las ciencias naturales. Dentro de este debate, Hans Albert sostiene que los procesos sociales y culturales no pertenecen a un sector de la realidad diferente al de la naturaleza, tal y como pretende la Filosofía Hermenéutica; por tanto, no hay ningún salto entre ambos planos de realidad ni una diferencia en la racionalidad con las que acercarse a esas diferentes facetas de la vida. Este naturalismo defendido por Albert no deja de tener relevancia para la IA, aunque él no haya entrado en esa cuestión, ya que podría implicar que no existiera distinción ni ontológica ni epistemológica entre los principios de comportamiento, el cerebro humano y los programas de IA, en todo caso, una diferencia de gradación y complejidad que podrá ser superada mediante una investigación cada vez más sofisticada. Sin embargo, existe una diferencia entre la programación computacional y comportamiento humano que este naturalismo no consigue explicar satisfactoriamente, si se niega a incluir las referencias a contextos de sentido en los que se mueve la acción humana y que trascienden la empiria de las ciencias naturales.

En cualquier caso, el horizonte sobre el que se mueve la comunicación humana requiere la presencia de unas instancias y contextos previos que actúan como donantes de sentido para los signos lingüísticos. Y esa captación de sentido requiere de unas facultades y capacidades que van más allá de las estructuras computacionales, aunque este plano computacional también forme parte de la inteligencia humana[55]. La IA, al estar formada por lenguaje computacional, adolece de la flexibilidad para hacerse cargo de la complejidad de las acciones humanas.

No es extraño, por tanto, que Margaret Boden mencione a la «fenomenología continental» (término un tanto genérico que usa para abarcar filosofías como la hermenéutica a la que me he referido en los párrafos anteriores) como teoría que ve en la forma de vida humana una conciencia significativa que comprende sentidos y relevancias interesantes para el ser humano[56]. Pero la crítica del empirismo estricto no procede sólo de la hermenéutica continental. Desde el campo analítico, Peter Strawson, al criticar el empirismo y el positivismo lógico, sostiene que la existencia de creencias,

---

55. Cfr. Albert (2011), pp. 2 y ss.
56. Cfr. Boden (2017), p. 135. El empleo aquí del término fenomenología continental es discutible. Debemos recordar que la filosofía de Heidegger surge como transformación de fenomenología de autores como Husserl y de esa transformación procede a su vez la hermenéutica de Gadamer, pero esos cambios llevan a una filosofía que ya no es, estrictamente hablando, fenomenológica. Probablemente Boden quiera resaltar las características propias de esa filosofía considerada fenomenológica frente a la analítica de tanto predicamento en el ámbito británico.

presupuestos, etc. son necesarios para el conocimiento mediante experiencia; porque la experiencia necesita un sustrato de creencias presupuestas; en ellas son importantes las características básicas de la situación del ser humano en el mundo, lo que incluye las interacciones con otros seres humanos[57].

Estas apreciaciones sobre los horizontes y contextos en los que ha de moverse la comprensión humana coinciden con lo que los expertos en IA denominan el problema del marco. Margaret Boden explica que este problema surge cuando un programa o sistema ignora todas las implicaciones que el pensamiento humano asume de manera tácita, porque esas implicaciones no se han establecido expresamente[58]. Ese marco está formado por un conjunto de conocimientos, ideas, impresiones que conforman los contenidos desde lo que surgen sentidos para la vida cotidiana; ese campo es el que se denomina sentido común, aunque ésta sea etiqueta un tanto imprecisa. Quizá sea mejor hablar de horizontes hermenéuticos y contextos (aunque sean términos menos sencillos) para nombrar esas fuentes de sentido.

Ese conjunto de conocimientos es imprescindible para la inteligencia, pero es difícilmente trasladable a la formulación computacional y algorítmica que conforma la IA. Como nos recuerda Boden, la matemática ofrece una ventaja, al simplificar las variables crea un espacio irreal pero computacionalmente manejable, aunque esto no solucione los problemas de la vida real[59]. Aunque sin referirse a la IA, Gerhart Frey había puesto de manifiesto los límites de una matematización completa del conocimiento de lo real; esa matematización implica la traducción de conceptos cualitativos a cuantitativos tarea que no siempre es posible[60]. Sin entrar ahora en las relaciones entre matemáticas, lógica y computación, las limitaciones señaladas por Frey son trasladables a las formalizaciones empleadas en la IA. Los lenguajes computacionales son inadecuados para reproducir la inteligencia[61].

Esa simplificación cuantitativa es causa de la limitación que afecta a la IA a causa de la relevancia, como también destaca Boden; la relevancia (en la concepción propia de la IA) existe si se conocen todas las consecuencias posibles de las acciones posibles: en algunas disciplinas técnicas y científicas

---

57. Cfr. Strawson (1992), pp. 78 y ss., 94 y ss.
58. Cfr. Boden (2017), p. 49.
59. Cfr. Boden (2017), pp. 35-36, 69 y ss. López de Mántaras / Meseguer (2020), pp. 38-39.
60. Cfr. Frey (1972), pp. 123 y ss.
61. Cfr. Mira (2006), pp. 6 y ss., quien destaca la diferencia entre el conocer humano y el de las máquinas; y recuerda que, precisamente, nuestro desconocimiento de los procesos cognitivos dificulta reproducirlos.

sí es factible, pero no siempre lo es[62]. La IA tiene dificultades para afrontar todos los asuntos en los que no aprehende la relevancia y es incapaz de poseer el sentido común que pueda sustituir esa carencia.

Los investigadores en IA fueron pronto conscientes de esa dificultad e intentaron diseñar programas que lograran traducir el sentido común (es la expresión que siempre utilizan los investigadores de IA) al lenguaje propio de sus sistemas. Uno de los pioneros en esa labor fue John MacCarthy. Ocurre que la definición de programa con sentido común, que ya a fines de los cincuenta del siglo XX daba MacCarthy, era un tanto extensa y vaga, porque él entendía que un programa tenía esa capacidad cuando deducía automáticamente por sí una cantidad suficientemente amplia de consecuencias desde lo que se le dice y lo que ya sabe[63]. Más adelante, John McCarthy y Sasa Buvac han ofrecido un modelo para formalizar los contextos en lenguaje computacional en el que pretenden presentar los contextos como «entidades matemáticas abstractas con propiedades útiles en la IA», dejando de lado aspectos psicológicos y filosóficos. Esa abstracción la quieren conectar con circunstancias concretas, el empleo de axiomas para el sentido común y las esquematizaciones en las que aparecen relaciones entre contextos[64]. Pero, como es habitual en estas investigaciones, se mueve en un plano abstracto que formaliza posibles movimientos racionales en función de variaciones circunstanciales, pero sin tener en cuenta cómo habría que razonar cuando surgiesen circunstancias concretas. MacCarthy explica que el sentido común en la IA funciona cuando no está computado lo que hará el sistema[65], pero no queda claro cómo puede incluirse ese funcionamiento no computado en un programa.

El empeño en dotar de suficientes datos que conformaran un acervo de sentido común a la IA aparecía también en el esfuerzo de Douglas Lenat hace años para crear sistemas capaces de afrontar los problemas propios del conocimiento humano[66]. Pero al final estas pretensiones chocan con las dificultades de formalizar lo circunstanciado, a causa de la complejidad frecuentemente inabarcable e impredecible.

Esas dificultades se acrecientan porque el programa es incapaz de decidir acerca de sus propios fines. El sentido de una máquina lo proporciona

---

62. Cfr. Boden (2017), p. 50.
63. Cfr. MacCarthy (1959), p. 2.
64. Cfr. McCarthty / Buvac (1997), pp. 14 y ss. Utilizan ejemplos de situaciones con posibilidades alternativas en las que atribuyen valores a objetos mecánicos como los microondas. Claro está (añadiría yo) que el jurista no es un artefacto como el microondas.
65. Cfr. MacCarthy (2000), p. 9.
66. Vid. por ejemplo, Lenat (1986).

el fin para el que fue diseñado. Por supuesto, un algoritmo o computación efectiva es un procedimiento basado en reglas para obtener un resultado deseado; la finalidad es un elemento esencial, que viene de fuera, porque el algoritmo, a diferencia de una persona, no puede decidir los fines que quiere conseguir. El ser humano se propone fines, está autodeterminado, pero no autodiseñado[67]. Y esto nos lleva a una cuestión básica que nos recuerda François Ost: los problemas para concebir un programa que se autoprograme y autoorganice y la importancia correlativa de los creadores que diseñan el programa[68]. Aplicado a la IA esto implica que los algoritmos dependen de los expertos que los diseñan y no tienen capacidades autónomas. Aunque no se refiera específicamente a la IA, Mario Bunge escribe al respecto que los seres humanos se caracterizan (entre otras cosas) por fabricar artefactos, a los que dotan de fines, mientras que la máquina, aunque sea «un robot altamente desarrollado» es incapaz de poseer fines propios; y el que tengan fines «vicarios» supone que no pueden pensar ni evaluar por sí mismas, y tampoco «tomar el mando», salvo que hayan sido programados para ello. Esto es importante, porque el programa no puede decidir autónomamente «rebelarse», aunque sí pueda estar programado para controlar mediante sus resultados determinados aspectos de la vida humana.

Es preciso recordar que actualmente las máquinas «inteligentes» no se comportan inevitablemente de manera determinista. Ryan Calo explica que el robot aparece en el Derecho con frecuencia como metáfora de automatismo, cuando, por ejemplo, los jueces quieren mostrar que una realidad carece de los elementos humanos que implicarían responsabilidad jurídica. Sin embargo, alerta Calo, los robots actuales son capaces de lo que él denomina «comportamiento emergente». La emergencia significa que un sistema es capaz de comportarse de manera compleja e imprevista. Esto no implica que el sistema sea autónomo, porque la autonomía conlleva intencionalidad, algo que, como reconoce Calo, está ausente de los robots. La emergencia tampoco implica la ausencia de programación, porque la robótica actual no funciona sin programas. La noción de emergencia consiste en que el sistema resuelve o crea problemas de una manera que el programador no tuvo en cuenta[69]. Estas reflexiones son aplicables a la IA (también a la jurídica, como indicaré más adelante) en su vertiente de aprendizaje profundo: la imprevisibilidad de la solución propuesta por el sistema no

---

67. Cfr. Génova / Quintanilla (2018), pp. 2 y ss. Génova (2016), pp. 139 y ss. Desde una filosofía materialista José María Chamorro explica que la intencionalidad está presente en el estado psíquico de un sujeto, pero no en un ordenador, porque el sujeto tiene representaciones, afectividad, capacidad para actuar, valores, todo ello sobre algo. Cfr. Chamorro (2009), pp. 91-92.

68. Cfr. Ost (1988), pp. 80 y ss. En el mismo sentido, cfr. Bunge (2012), p. 277.

69. Cfr. Calo (2016), p. 227.

supone que éste decida qué respuesta le parece más razonable, sino que obedece a comparaciones de patrones demasiado complejas para ser trazadas inicialmente. La dinámica del algoritmo que compara patrones a partir de datos masivos no es completamente predecible a partir de los puntos de partida establecidos por los programadores; esto conduce a problemas graves a la hora de determinar conceptos clave en el Derecho como el de intención y causalidad cuando se trata de encajar la responsabilidad jurídica en la intervención de esos programas[70].

En consecuencia, los programas de IA se mueven dentro de las capacidades indirectas que el programador le otorga, aunque, a veces, ese movimiento no sea totalmente previsible por el programador. Del mismo modo, pueden ayudar a resolver problemas, y a desarrollar teorías, pero no pueden descubrir problemas ni teorías nuevas, porque formularlos supone un cierto grado de creatividad que ya no está regida por una regla. Sin embargo, no es posible diseñar o programar un artefacto sin conocer una regla previa que el artefacto habrá de seguir. Y subraya Bunge que «las herramientas no son más que herramientas»[71]. En esa línea, Martín López Corredoira sostiene que las máquinas que consideramos inteligencia artificial no «han logrado emular la vida, ni hace cincuenta años, ni en el presente» ni cree que sea posible en otros cincuenta: y uno de los motivos principales es que no tienen deseos, apetitos ni temores, sólo computan dentro de esquemas lógicos, pero «carecen del elemento más característico: pulsiones irracionales»[72]. Las capacidades computaciones, sigue López Corredoira, no son lo significativo en lo humano: este es algo más que un conjunto de datos y, por tanto, lo esencial del ser humano no puede encerrarse en una computadora u otro soporte no biológico. Desde el propio planteamiento materialista de este autor, la materia y sus estructuras son más que «datos almacenables en la memoria de un ordenador»[73].

Sin embargo, el estatus de la IA en relación con la inteligencia humana se complica, a causa de la utilización actual de algoritmos que interactúan con el comportamiento cerebral. En efecto, existen interfaces cerebro-máquina que utilizan información neuronal para controlar dispositivos

---

70. Cfr. Bathae (2018), passim.
71. Cfr. Bunge (2012), pp. 276-277.
72. Cfr. López Corredoira, M. (2019), pp. 183.
73. Cfr. López Corredoira, M. (2019), pp. 188-189. Una visión de a IA como realidad que no podrá ser nunca como la humana en Ragel (2018), per totum. Ya en los sesenta del pasado siglo Gerhard Frey había expuesto la imposibilidad de una teoría formal de la conciencia: esta no puede representarse como un lenguaje objeto; este requiere un metalenguaje para proporcionar una teoría de la reflexión, pero ésta no es formalizable. Cfr. Frey (1972), pp. 157 y ss.

externos. Unos sensores detectan información eléctrica del cerebro, las decodifica y filtra mediante un algoritmo matemático y transmite impulsos al mencionado dispositivo externo. Estas interfaces tienen diferentes aplicaciones: tanto terapéuticas (para solucionar alguna minusvalía) como lúdicas. Las controversias éticas y jurídicas para la teoría de la acción humana son evidentes, ya que la actuación personal estaría intermediada por el algoritmo que procesa y dirige instrucciones; esta novedad afecta a la teoría clásica de la acción humana, basada en la diferencia entre acciones intencionales y sucesos accidentales, y que ve en la intencionalidad la base para la voluntariedad y responsabilidad. La intervención de un algoritmo, que además puede estar afectado de opacidad en sus procedimientos, complica la determinación de la responsabilidad en estas acciones que algunos llaman «subrogadas»[74].

Este problema enlaza con el de la neurociencia y la libertad al que aludía páginas atrás; en este caso, no se trata de negar que la acción originada en el cerebro sea libre, sino de discutir la posibilidad de interconectar el cerebro con un algoritmo. Estas cuestiones son más propias del estudio de los ciborgs y las tendencias posthumanistas (a las que me referí antes) que de la ocupación con la IA jurídica y por eso no voy a ocuparme ahora del asunto, pero es preciso mencionarlo, en la medida en que aparece una posible conexión entre IA y cerebro. Pero aquí el problema no es la IA propiamente dicha, sino la posible manipulación o control de la acción humana desde instrumentos mecánicos.

Precisamente la corporeidad física es un elemento fundamental para entender el alcance de la IA. Ahondando en esa cuestión Margaret Boden explica que la mente humana está encarnada en acciones físicas y también en un entorno de artefactos culturales, de «perspectivas situadas» gracias entre otras cosas a que posee una cognición corpórea. En esa misma línea, Ramón López de Mántaras y Pedro Meseguer reconocen que la IA no podrá ser como la inteligencia humana, porque ésta requiere interacción con el entorno y eso requiere cuerpo, procesos de socialización y culturalización como los humanos[75].

Esta base biológica corporal permite también la autoorganización propia de ese tipo de organismos, como capacidad de estructurarse a sí mismos que hace surgir un orden espontáneo desde un origen menos ordenado[76]. Estas afirmaciones de Boden están conectadas con una novedosa tendencia

---

74. Vid. Monasterio (y otros), (2019), per totum. Sobre los problemas planteados para la responsabilidad civil por la IA incorporada a robots vid. Zurita (2020), per totum.
75. Cfr. López de Mántaras / Meseguer (2020), p. 152.
76. Cfr. Boden (2017), pp. 108 y 113.

científica: la complejidad. Ésta se ha alzado frente al mecanicismo de la modernidad, que pretendía construir una explicación sistemática de lo real a partir de causas eficientes y simples que podían ser claramente encadenadas formando un mecanismo necesario y perfectamente previsible; frente a esa visión del asunto, los partidarios de la teoría de la complejidad afirman que existen fenómenos de orden que surgen sin más: no es posible conectar de manera necesaria esos desarrollos desde unas causas iniciales; nacen así órdenes espontáneos que carecen de un comienzo absoluto, sino que se despliegan de una forma fragmentaria[77]. Dado que estas teorías proceden de la matemática y la física, es difícil valorar hasta qué punto son aplicables al cerebro y a la inteligencia humana, aunque las explicaciones neurocientíficas sobre la plasticidad e interacción entre cerebro y medio ambiente parecen coincidir en algunos aspectos con la teoría de la complejidad[78].

El despliegue de complejidad creciente desde organismos simples aparece también en una de sus variantes, la denominada teoría de la autopoiesis creada por los biólogos Francisco Varela y Humberto Maturana. Pretenden fundar la evolución de los organismos mediante la capacidad de éstos para modificarse a sí mismos y readaptarse autónomamente, ante las incitaciones exteriores: aunque éstas sean innegables, es el propio sistema (el organismo) el que establece su estructura. Hasta qué punto la autopoiesis así entendida es aplicable fuera del campo estrictamente biológico, especialmente a los sistemas sociales, es algo discutible, e incluso cuestionado por parte de algunos de sus defensores iniciales, como Varela[79].

De ser cierta esta explicación, esa complejidad haría muy difícil que los algoritmos formalizados de la IA pudieran imitar las estructuras abiertas del cerebro y la consiguiente inteligencia humana (incluso si esta fuera derivación exclusiva del cerebro, algo que, como hemos visto, no está probado), ya que ese carácter formalizado no se adaptaría a la complejidad. No obstante, esta carencia de los algoritmos tal vez podría ser superada, si tuviéramos en cuenta lo que proponen los defensores de las teorías de caos,

---

77. Cfr. Arana, 2000, pp. 182 y ss. Este autor es crítico con la Escuela de la complejidad.
78. Una defensa de la emergencia de la inteligencia desde bases rigurosamente materialistas la encontramos en Chamorro (2009). No entro ahora en las posibles limitaciones de este planteamiento positivista para explicar la libertad y la moralidad humana, sólo quiero indicar que, en principio, no hay incompatibilidad entre complejidades y bases materialistas. Por otra parte, incluso admitiendo que la realidad fuera sólo materia y la inteligencia sólo cerebro la vida humana no sería determinista, como señala el «cerebrocentrista» Francisco Mora (2007), p 157: el cerebro es sistema abierto que interacciona con su medio ambiente y social.
79. Cfr. Teubner, 1996 pp. 25-26; Bühl, 1987, pp. 4 y ss.; Ost, 1997, pp. 72 y ss. Una de esas aplicaciones extrabiológicas es la que ha llevado a cabo Niklas Luhmann en el ámbito de la Sociología y de lo que beben autores como Günther Teubner.

parcialmente relacionadas con la complejidad. La teoría del caos describe sistemas dinámicos no lineales en los que una pequeña variación en las condiciones iniciales produce resultados no previsibles, aunque condicionados determinísticamente por tales condiciones iniciales. La aplicación de las teorías del caos al comportamiento humano es un tanto complicada, porque hasta ahora se han desenvuelto mediante modelizaciones matemáticas y su empleo en otros ámbitos (como el jurídico) ha sido más bien una metáfora para explicar determinados aspectos de la realidad del Derecho refractarios a una regulación sistemática y deductivista[80]. Por otra parte, las teorías del caos, en su vertientes matemática y física, se basan en ecuaciones y cabría pensar que su aplicación a lo humano podría trasladar esas formulaciones al comportamiento de las personas o a los conjuntos sociales. Quizá sería posible diseñar algoritmos caóticos aplicables tanto a la comprensión de la inteligencia humana como al diseño de la artificial. La ingeniería lo ha intentado, pero no en las actividades propiamente humanas. Por otra parte, la teoría del caos es compatible (al decir de sus defensores) con una imagen mecánica y determinista de la realidad física, porque sería posible establecer funciones matemáticas que conectaran las condiciones iniciales con los resultados caóticos. Que esto pueda hacerse para matematizar el comportamiento humano, entendido como un sistema caótico determinista, aunque no lineal, es algo que por ahora queda sin resolver.

En cualquier caso, parece que, si tenemos en cuenta las aportaciones de la neurociencia, las teorías de la emergencia y la complejidad, la filosofía hermenéutica, el comportamiento de la inteligencia humana presenta peculiaridades que son difícilmente reproducibles por la IA. Es preciso reconocer que este asunto nos lleva a cuestiones sobre el origen del ser humano que tocan además aspectos trascendentales e incluso teológicos. Pero no puedo entrar ahora en esos problemas. Tan sólo quiero destacar que las diferencias entre lo humano y la IA resultan claras, tanto para filosofías materialistas como partidarias de concepciones más trascendentales.

En consecuencia, parece sensato afirmar que la IA en el momento actual está lejos de poseer las características de una inteligencia personal[81]. En realidad, la IA es una tecnología capaz de completar algunas funciones propias de la inteligencia humana, pero no reproduce la inteligencia[82].

Hace algunos años, una Declaración del Parlamento Europeo, haciéndose eco de una idea difundida entonces, pedía la regulación de una «personalidad electrónica» para atender a las exigencias novedosas que suponía

---

80. Mancha, 2017, pp. 29 y ss., 56 y ss., 228; Arana, 2000, p. 193.
81. Vid. López Moratalla (2021), per totum.
82. Cfr. Durt (2022), pp. 67 y ss.

la IA[83]. No obstante, en fechas recientes, las mismas instituciones europeas han rechazado tal pretensión y afirman que es mejor hablar de «decisiones automatizadas». Esta última expresión no deja de ser confusa, como explicaré más adelante al referirme específicamente a la IA jurídica, porque en realidad el sistema no tiene posibilidad de elegir y, por tanto, de decidir; es cierto, como ya he señalado, que algunas técnicas situadas bajo la etiqueta de IA funcionan de un modo que a veces no es completamente previsible por parte del programador humano, pero eso no significa que haya decisión autónoma. Aunque presenten una cierta apariencia de actuar con libertad o autonomía, no hay tal cosa, tan sólo comparación de datos a escala y velocidad que escapa a la percepción humana. La relativa imprevisibilidad no ha de ocultar que estamos ante algo que carece de vida y consciencia y no puede ser considerado persona ni sujeto de derecho[84]. El debate sobre la personalidad jurídica de la IA y del robot que la contenga parece haber remitido un tanto, pero sigue planteado. Ryan Calo no confía en que la IA se aproxime a la inteligencia humana en un futuro previsible, a causa de razones analíticas y técnicas que nos indican que los robots nunca pensarán como las personas, aunque no siempre actúen de manera mecánica[85]. La precisión es importante: la ausencia de mecanicismo (en el sentido de la Física moderna) no implica *per se* la presencia de inteligencia. No es extraño que los estudios actuales sobre la personalidad del robot y la atribución de derechos a la IA se basen habitualmente en prospecciones futuristas de robots con la IA que los ingenieros consideran fuerte y que por ahora no saben cómo desarrollar[86]. Conviene advertir precisamente que no se puede identificar sin más IA con robot. No es fácil discernir entre robot e IA. El primero puede incluir elementos que le permitan interactuar con el entorno: sensores para vigilarlo, detectar cambios e influir en ese entorno, algo que facilita la corporeidad; el robot, además, puede incluir IA que le permita procesar la manera en que desarrollan las interacciones con el entorno, aunque puedan existir robots que no tengan IA[87]. Es preciso aclarar que la corporeidad robótica está muy alejada de la biológica de los humanos, y de ahí las diferencias esenciales entre la IA corporeizada y la inteligencia humana.

---

83. Una crítica de la supuesta personalidad de la IA en Sánchez Hidalgo (2022), pp. 337 y ss.
84. Cfr. Tamayo (2020), pp. 212 y ss. Aunque se refiera a los robots, las reflexiones de la autora son aplicables a la IA. Explica que atribuir la condición de sujeto de derecho a los robots sería una «ruptura frontal» con el ser humano y pondría en peligro los fundamentos humanistas de Europa.
85. Cfr. Calo (2016), pp. 528, 530 y ss.
86. Cfr. un ejemplo de esa actitud futurista en Gunkel (2018), per totum.
87. Cfr. Barrios (2018), pp. 118 y ss.

Inteligencia artificial jurídica

SUMARIO: 3.1. TÉCNICAS. 3.2. APROXIMACIÓN LÓGICA A LA IA JURÍ-
DICA. *3.2.1. Reseña breve de algunos malentendidos. 3.2.2. Lógicas
alternativas e IA.* 3.3. LA IA BASADA EN DATOS. 3.4. LAS LIMI-
TACIONES.

Las características que he mencionado en las páginas anteriores muestran que hay un salto ontológico entre lo humano y la IA. Parece, en tal caso,
que la máquina dotada de esas técnicas computacionales carece de capacidades para actuar como el humano y, por tanto, carecería igualmente de las
posibilidades de actuar como jurista. Tengamos en cuenta que, como he
mencionado antes, el pensamiento humano no puede identificarse con la
computación, que es, desde luego, inteligencia humana, aunque no toda la
inteligencia humana.

La aplicación de ese pensar computacional al Derecho requiere de una
reflexión detenida, porque ya he mencionado que hay sistemas y programas
que se ocupan de labores jurídicas. El primer aspecto que debemos considerar es que una norma jurídica puede ser concebida como un conjunto de
instrucciones para resolver un problema, es decir, sería un algoritmo en
sentido muy amplio.

No es extraño que Niklas Luhmann sostenga que, a la hora de reducir
la complejidad el sistema opte por la elaboración de programas que atien-
dan bien a la salida o a la entrada de la información; en este caso, estamos
ante programas condicionales que fijan la entrada de informaciones
ambientales que determinan la decisión; Luhmann explica que estos programas condicionales forman algoritmos: en ellos, la decisión programada
es independiente de quien sea el agente decisor, porque los criterios son
universales, no se tienen en cuenta los fines (eso queda para los programas

que Luhmann llama «teleológicos») y esa operación es calculable de manera lógico-mecánica[88]. Luhmann incluye los sistemas jurídicos entre las construcciones reductoras de complejidad, así que considera que esa programación algorítmica también puede darse en el Derecho. Luhmann no habla de la IA, pero si su propuesta de reducción algorítmica de complejidad fuera factible, aparecerían herramientas automatizadas para realizar esa función. Recordemos la relación de la autopoiesis que sustenta el pensamiento de Luhmann con las doctrinas sobre la cibernética, es decir con los sistemas diseñados para el manejo de información; la relación de esta con el IA es, como ya sabemos, clara. El problema es que las normas jurídicas no son algoritmos, como veremos pronto.

El algoritmo en general es un proceso que establece los pasos precisos para conseguir un resultado, pero, como explican Desai y Kroll, funciona sin intuiciones ni conjeturas; en cambio, los seres humanos sí pueden seguir instrucciones con imprecisiones y ambigüedad; los ordenadores dotados de IA, no, aunque las manifestaciones más recientes de IA requieran menos precisión en sus instrucciones[89]. Esa diferencia es la que aparece en las normas jurídicas: esa apertura a imprecisiones está presente en el Derecho, y hemos de tenerla en cuenta. Porque si la norma puede configurarse como un conjunto de instrucciones formalizadas, podrá tener éxito la IA jurídica.

Para averiguar si es posible, primero debo mencionar algunas técnicas empleadas en la IA jurídica.

3.1. TÉCNICAS

A pesar de que es habitual hablar de la IA como algo unitario, Margaret Boden nos dice que no hay «llave maestra» ni técnica que unifique el campo de la IA, ya que hay temas, objetivos y métodos muy diversos[90]. Entre esa variedad, ocupa un papel muy destacado la denominada «simbólica» (muy en boga en otros tiempos, menos ahora, y de ahí que sea conocida como GOFAI: good old-fashioned artificial intelligence); está construida mediante signos formalizados que pretende reproducir un pensamiento racionalista, a partir de principios desde los que derivar conocimiento, y que han de ser introducidos por los operadores humanos.

Otro acercamiento a la IA lo ha protagonizado la denominada vía conectivista, en la que las redes neuronales son fundamentales. En esta vertiente, los algoritmos que integran esas redes son entrenados y son capaces de

---

88.   Cfr. Luhmann (1983), pp. 97 y ss., 284 y ss.
89.   Cfr. Desai / Kroll (2017), pp. 23 y ss.
90.   Cfr. Boden (2017), p. 29.

«aprender» y producir resultados que no son predecibles desde los elementos iniciales. Para poder realizar esa tarea utilizan tecnología de datos masivos. Estos procedimientos se despliegan en variantes y subdivisiones como la IA corporeizada, relacionada con la robótica.

Por otra parte, las diversas técnicas se entremezclan de hecho a la hora de realizar tareas concretas, y los elementos lógicos se usan a veces conjuntamente con el análisis de datos masivos, por ejemplo, para realizar predicciones en entornos de incertidumbre como el mundo de las inversiones financieras. Y es que la multiplicidad de tareas que desempeña hoy la IA tiene correlato en la variedad de instrumentos empleados. En efecto, la conducción automática, el triunfo en un videojuego, el reconocimiento facial, la composición de una canción o el control de temperatura de un edificio requieren técnicas de IA diferentes en función de lo que han de realizar. La IA jurídica no es una excepción y también se compone de instrumentales diversos.

A partir de esta multiplicidad y en aras de la brevedad, puede ser útil la clasificación que hace Karl Branting para sintetizar las aproximaciones a la IA jurídica: la primera está basada en la lógica, la otra en el análisis de datos, una división que acepta también la política de la Unión Europea, si tenemos en cuenta la propuesta de Reglamento del Parlamento y el Consejo sobre normas armonizadas en materia de IA[91].

En primer lugar, expondré los caracteres de la vertiente lógica, que podría ser identificada en líneas generales con la IA simbólica que mencionaba párrafos atrás. Esta línea de investigación en IA jurídica quiere asimilarse a los presuntos caracteres propios del pensamiento de los juristas, y es la que, de ser exitosa, podría proporcionar el «juego de imitación» al que parecen aspirar algunas tendencias de la IA. Para ello reproduciría las formas de razonamiento adecuadas para resolver problemas jurídicos. Sin embargo, esta aproximación parece plantear problemas muy considerables, debido a que las relaciones de los juristas con la lógica no han solido ser buenas. Para entender mejor este tipo de IA es preciso hacer unas aclaraciones previas sobre esa relación.

---

91. En efecto, el art. 3 de la propuesta habla de las estrategias de la IA que emplean los sistemas que regula el Reglamento: la estrategia basada en la lógica y representación del conocimiento, deducciones o razonamiento simbólico, que corresponde a la lógica; la estrategia de aprendizaje automático, supervisado y profundo. Y añade las estrategias estadísticas y que normalmente van unidas a la del aprendizaje automático.

3.2. APROXIMACIÓN LÓGICA A LA IA JURÍDICA

3.2.1. RESEÑA BREVE DE ALGUNOS MALENTENDIDOS

La finalidad de este acercamiento a la IA es reproducir el pensamiento del jurista mediante un lenguaje formalizado según parámetros y criterios informáticos. Dicho de otro modo, este tipo de IA exige que el razonamiento propio del jurista pueda trasladarse a un modo formal de proceder. Aquí empiezan los problemas, porque se mezclan aspiraciones, técnicas y desconfianzas diversas.

José Ignacio Solar nos recuerda la relación entre el supuesto carácter silogístico-deductivo del razonamiento en el Derecho y la IA: ésta cumpliría la aspiración de automatización del Derecho y la conversión del juez en un autómata[92]. Esta pretensión está estrechamente vinculada a las demandas de seguridad y certeza en el Derecho, en la medida en que el empleo de la IA permitiría extraer sin dudas la solución desde el texto normativo. La posibilidad es atractiva, porque la falta de certeza ha sido vista habitualmente como algo inherente a las soluciones de los asuntos humanos. Aristóteles ya lo vio así, y quizá cabría ver la frónesis aristotélica como el reconocimiento de un defecto esencial de la inteligencia humana: la incapacidad para conocer el comportamiento correcto ante la variación circunstancial de los problemas humanos, variaciones que pueden contener un grado de impredecibilidad muy elevado[93]. Desde este punto de vista, resulta enormemente difícil extraer la solución de un asunto desde la regla general, ya que no es posible prever todos los efectos posibles de una decisión y no podemos estar seguros de la consecución del resultado razonable querido. En otras ocasiones es la vaguedad inherente al lenguaje humano la que provoca la dificultad de precisar hasta qué punto una prescripción general alcanza a regular determinada circunstancia.

Sin embargo, si fuera posible diseñar un algoritmo que, partiendo de unas reglas precisas consiguiera procesar toda la información que afecte al abanico de variantes de un caso, y prever las soluciones posibles desde lo establecido en la regla, quizá podríamos superar ese defecto que Aristóteles pretendía ocultar con la etiqueta de la frónesis. Desde luego, en los últimos tiempos es creciente el número de investigaciones dedicadas al empleo de IA para ayudar a decidir en situaciones de incertidumbre considerable,

---

92. Cfr. Solar Cayón (2019), pp. 14-15.
93. Al respecto es clave lo expuesto por Aristóteles en su *Ética a Nicómaco,* cuando explica que no es posible exigir el mismo grado de exactitud en todos los saberes humanos. En el ámbito práctico, que recoge el conocimiento del comportamiento concreto correcto, no existe la misma certeza que en la geometría, por ejemplo. Más adelante volveré a este asunto al tratar de las relaciones entre el razonamiento práctico y la IA.

como las que aparecen en los mercados financieros. Hasta qué punto la IA jurídica es capaz de ofrecer esas garantías es precisamente uno de los asuntos que discutiré en las páginas siguientes. Pero es necesario tener en cuenta una peculiaridad de la decisión jurídica que la diferencia de otros campos en los que la inteligencia humana también se mueve en la incertidumbre; en el Derecho no se trata sólo de discernir las consecuencias más o menos seguras de una decisión (a la hora de invertir, o de planificar el urbanismo de una ciudad), sino de encontrar la solución a un problema de acuerdo con las previsiones del ordenamiento jurídico: el carácter normativo de la decisión en el Derecho es clave para entender las peculiaridades del empleo de la IA en ese ámbito.

En principio, esa normatividad estaría garantizado por el carácter deductivo, consistente en extraer la solución jurídica desde la norma general de una manera mecánica gracias al empleo de la lógica. Esta vieja pretensión de la cultura jurídica occidental vería cumplida sus expectativas gracias a la aparición de los programas de IA de estructura lógica que conseguirían precisamente esa automatización. El éxito de este proyecto de IA requiere, sin embargo, precisar cuál es el papel de la lógica en el derecho, porque a veces se ha querido dar a la lógica un papel que no le corresponde y que, en realidad, no ha querido tener. Y, además, hay que tener en cuenta el cambio de concepto de lógica que ha experimentado la cultura europea en los últimos siglos.

El primer aspecto que merece atención es esa identificación de la aplicación deductiva de las normas con la presencia de la lógica en el Derecho. Porque el papel de aquélla es considerablemente más complejo y cambiante.

Durante siglos, la lógica era la disciplina encargada del pensar humano[94]. Así aparece en filósofos como Aristóteles o Leibniz. El *Organon* aristotélico, por ejemplo, abarcaba diferentes maneras de razonar: tanto los silogismos analíticos, como los dialécticos. Los primeros partían de proposiciones indudables y los segundos de proposiciones probables; una vez establecidas las premisas, no había diferencias en el despliegue del silogismo. También estaba incluida dentro de la lógica, la tópica, encargada de buscar los topoi o «lugares comunes», los argumentos empleados para conformar premisas compartidas utilizables en los asuntos que no eran sus-

---

94. Recordemos la riqueza de acepciones del *logos* griego. Martin Heidegger llamaba la atención acerca de la relación entre *legein* (enunciar) y el *logos* que luego se tradujo como *ratio*. A partir de ahí, enunciar es pensar sobre las cosas. Cfr. Heidegger (1975), pp. 61 y ss. Sin entrar ahora en el estudio de estas reflexiones de Heidegger, sí es interesante indicar que nos sitúan ante una noción de logos amplia, que no coincide, como señalaré, con la concepción contemporánea de lógico.

ceptibles de ser axiomatizados. Por otra parte, en la Antigüedad tardía, en una obra de gran influencia en la naciente Europa, los Comentarios a Porfirio, Boecio mantiene que la lógica es una disciplina que estudia los razonamientos para descubrir la verdad, y cita a Cicerón cuando afirma que la finalidad de la lógica se desenvuelve en dos vías: el hallazgo (*inventio*) y el juicio[95]. Esta división ciceroniana tendrá un éxito enorme. La fase inventiva establece los argumentos, y tiene un carácter abierto que depende de la variabilidad circunstancial, propia de los asuntos humanos; una vez establecido el argumento, de él se extrae la solución mediante una inferencia, que sí puede tener un carácter silogístico. Y todo, hallazgo y juicio, forma la lógica. Siglos más tarde, Tomás de Aquino también ofrece una acepción amplia de la lógica, al comentar los *Analíticos* de Aristóteles cuando afirma que la lógica se ocupa del funcionamiento del pensamiento, es decir, es la razón que reflexiona sobre sí misma. Y esa reflexión se ocupa de las diferentes vertientes del empleo de la razón que busca derivar el conocimiento desde lo ya sabido, tanto cuando parte de certezas absolutas como cuando lo hace desde verdades probables y no puede alcanzar soluciones exactas: la dialéctica y la retórica también forman parte de la lógica[96].

La ciencia jurídica europea, que nace por entonces de la mano de los Glosadores de Bolonia, comparte esa misma actitud ante la lógica. En sus comienzos estos juristas no tenían conocimiento de la Lógica aristotélica (desconocida entonces en Occidente), pero sí adoptaron una concepción argumentativa del Derecho, obtenida de los textos romanos que comentaban. Esos textos empleaban recursos propios de la tradición tópica y retórica tardoantigua, y los juristas del *ius commune* siguieron esa vía[97].

---

95. Boecio, Commentaria in Porfirio, lib I.
96. Cfr. Aquino (), liber I, lectio I.
   Quintín Racionero explica que Aristóteles no ofrece un modelo lógico que proporcione un conocimiento científico para las creencias discutibles utilizadas en las decisiones prácticas. El modelo que sí ofrece, continúa Racionero, sirve para armonizar las opiniones variadas y racionalizar la vida pública, armonización que parte de un «sistema de referencias comunes», labor en la que la Retórica desempeña un papel central. Cfr. Racionero (1990), p. 131 y ss. Desde este punto de vista, hay una separación entre la lógica y el uso de la razón en las cuestiones prácticas; la primera tendría un carácter riguroso, la segunda, abierta; es una cuestión de acepciones.
97. Es preciso hacer una puntualización sobre el razonamiento de los juristas del *ius commune*. La flexibilidad argumentativa no suponía para ellos que toda solución jurídica fuera abierta y discutible, porque ellos pensaban que hay principios morales de objetividad indudable (identificados con el Derecho natural, en un sentido amplio), pero también pensaban que las situaciones vitales (aunque ellos no utilizaran esa expresión) ofrecían criterios de justicia que también poseían objetividad. El carácter discutible de muchas soluciones jurídicas no suponía que su justificación dependiera sólo de la aceptación o la obtención de un consenso. Por otra parte, es cierto que estos

Los juristas, conscientes de que su profesión no se ocupaba de verdades exactas, no se preocupaban por la parte de la lógica dedicada a ese sector de la realidad (la Analítica en Aristóteles) y se ceñían a la tópica y la retórica encargadas de argumentar sobre lo probable, sobre lo que puede ser de otra manera por estar abierto a los cambios provocados por las modificaciones circunstanciales. Recordemos que, para Aristóteles, Tomás de Aquino y los juristas del *ius commune* el conocimiento de la solución jurídica era tarea de la frónesis o prudencia, dedicada a conocer el comportamiento correcto; dado el carácter circunstanciado y concreto de los asuntos humanos, esas soluciones están abiertas a las particularidades del asunto enjuiciado y no pueden ser resueltas siempre de una manera deductiva desde el precepto general[98].

Esa armonía entre juristas y lógicos desaparece con los cambios en la lógica que tienen lugar con la modernidad. Ocurrió que la lógica moderna reformuló su campo de actuación. Simplificando mucho el asunto, cabe decir que la lógica se especializó en garantizar la verdad de las conclusiones como producto de un uso correcto de las inferencias, independientemente de los contenidos que puedan tener premisas y conclusiones. No era una

---

juristas dieron mucha relevancia a la *communis opinio doctorum*, a las doctrinas que obtienen apoyo entre la mayoría de los juristas. Era comprensible, porque en una jurisprudencia consciente del carácter discutible de muchas cuestiones el que una repuesta obtuviera asentimiento entre los juristas más prestigiosos era un indicio de su racionalidad. Al fin y al cabo, era el empleo del argumento de autoridad, un tópico de mucho peso en esta mentalidad. Sobre el papel de la *communis opinio* cfr. Lombardi (1976), pp. Todo esto imposibilita el rigor analítico en el plano jurídico.

98. Sobre estas características del razonamiento de estos juristas vid. Carpintero (1982) per totum. Inicialmente, esta mentalidad no procedía de Aristóteles sino de la tradición tópica de Cicerón. Cfr. Otte (1971), pp. 187, 212, 220, 228-230.
Esta mentalidad duró siglos. La expone con claridad a mediados del siglo XVII, cuando los métodos científicos aspirantes a la exactitud se extienden por la cultura europea, el Cardenal Juan Bautista de Luca. Al inicio de su *Teatro de la verdad y la justicia* escribe que «las obras de Dios son perfectas, mientras que las de los hombres son imperfectas, aunque procedan de principios ciertos e invariables. A la debilidad humana no le ha sido concedida la perfección que sólo está reservada al cielo. Y aquél que cree ser perfecto aún se mueve más en la imperfección. Y esta se manifiesta más en la disciplina legal y forense que en otras, porque no depende de decisiones basadas en los principios invariables de las causas de las ciencias, sino de la aplicación de los principios a los casos particulares y ahí siempre es incierta la verdad y siempre diversa la decisión sobre el caso, aunque pueda haber similitudes. Y es que, a causa de la variedad de ingenios, y de las circunstancias de los casos, aunque esa variación sea pequeña de ella surge una gran diversidad de la solución jurídica. De ahí que sea mejor hablar de jurisprudencia que de ciencia jurídica, porque toda su fuerza radica en saber aplicar correctamente, de donde procede la diversidad de juicios en los mismos casos». De Luca (1734), p. 1 del *Proemio*. La traducción es mía. Cito esta opinión de un jurista del siglo XVII, porque me parece un ejemplo claro de saber jurídico que no es susceptible de formalización.

propuesta completamente original, porque algunos caminos de la lógica medieval ya consideraban que ésta debía estudiar el valor de palabras y proposiciones por sí mismas, con independencia de los objetos reales que nombrasen[99]. Desde luego, la lógica aristotélica también tenía esa vertiente de estudio formal de las inferencias en el razonamiento, pero no dejaba de lado la preocupación por la formación de las premisas, dentro de la lógica entendida en sentido amplio como arte de pensar, ni excluía el conocimiento impreciso[100].

Al ser exclusivamente formal, la lógica no se ocupa de los contenidos de las premisas, sino de condiciones estructurales para el razonamiento correcto. Un ejemplo particularmente claro lo ofrece el manual de lógica escrito por Richard C. Jeffrey, quien señala que la lógica formal se centra en la verdad y falsedad como relaciones estructurales, pero no tiene en cuenta el propósito con el que se enuncia la proposición ni lo que sabe el que habla. Además, explica Jeffrey, la lógica tampoco se preocupa por la vaguedad, ambigüedad y dependencia contextual de las proposiciones: es tarea anterior a la intervención de la lógica, que tiene un carácter formal[101].

Pero lo que verdaderamente marca el cambio es la específica manera en que esa formalización cristaliza: la lógica pasa a ser una disciplina calculable y modelizada; es decir, expresa los razonamientos mediante signos propios que evitan posibles ambigüedades y producen razonamientos que derivan de manera exacta. Esa pretensión aparece ya, por ejemplo, en el siglo XVII con la Lógica de Port Royal. Leibniz también se movió en esa línea al querer hacer calculables las reglas de las conclusiones lógicas. Intentó elaborar un lenguaje técnico que no necesitara referencias al contenido de las expresiones, pero no consiguió diseñar el lenguaje simbólico y técnico preciso. Ese resultado lo obtuvo la lógica moderna a partir de la mitad del siglo XIX[102]. No está claro lo que podemos entender por lógica moderna. La terminología sobre la periodificación de esta disciplina no siempre es coincidente y a veces sitúan la oposición entre lógica clásica y moderna en el carácter deductivo y lineal de la primera, frente a otros tipos de lógicas, como la multivalente, que no es deductiva, aunque sí utilice un lenguaje formali-

---

99. Cfr. González (1987), pp. 50 y ss.
100. Hay que recordar que desde la Baja Edad Media y durante la época de Humanismo y de la primera Modernidad se desarrolla una noción de lógica como arte que sirva para resolver toda clase de problemas, ayudada por técnicas mnemotécnicas y artes combinatorias pretendidamente capaces de aportar soluciones a todos los saberes humanos. Una corriente compleja que abarca desde Raimundo Lulio a Leibniz. Vid. Rossi (1983), per totum.
101. Cfr. Jeffrey (1986), pp. 19 y ss.
102. Cfr. Klug (1982), pp. 17-18.

zado. Mientras que desde otro punto de vista la lógica clásica es la aristo-télica. Surge así la denominada Logística o Axiomática, que intentan crear un método lógico que resuelva todo tipo de problemas.

Y es precisamente la aplicación de una lógica de estas características al Derecho lo que ocasiona problemas; si la concreción del Derecho fuera eje-cutable mediante razonamientos calculables en un lenguaje formalizado y exacto, la lógica solucionaría la aplicación de las normas jurídicas. Esa posi-bilidad es especialmente relevante para la IA (incluyendo la jurídica), que funciona de manera formal y computacional y que, en consecuencia, parece que tiene mucho que esperar de la lógica. Pero esos mismos aspectos que hacen atractiva la lógica formalizada y calculable también para el Derecho, al satisfacer la certeza y previsibilidad de la aplicación de normas jurídicas, también limitan de hecho el alcance de la lógica en el Derecho.

Este asunto, no obstante, es particularmente complicado, porque los desencuentros entre lógicos y juristas no se deben sólo a los inconvenientes de un razonamiento exclusivamente formalizado en el Derecho, sino a una mezcla de preocupaciones metodológicas y políticas relacionadas con los procedimientos para aplicar las normas jurídicas.

A partir de principios del siglo XIX el denominado positivismo jurídico legalista defendió una aplicación de la ley lo más literal posible, para res-petar el monopolio del legislador en la creación del Derecho. Regina Ogorek publicó un estudio sobre la metodología jurídica en la Alemania del XIX y lo tituló significativamente «Juez-rey o autómata subsumidor» para plan-tear precisamente esa tensión entre el reconocimiento de la inevitable dimensión decisional de las sentencias de los jueces y la pretensión de con-vertirlos en autómatas para garantizar la aplicación estricta de la ley. Es interesante que, como muestra esta autora, ni siquiera en las corrientes y escuelas aparentemente más proclives al uso de modelos deductivos de razonamiento (como la Jurisprudencia de Conceptos) se abogó por ese automatismo[103]. Esa pretensión, que en realidad es una teoría interpretativa basada en la primacía del criterio gramatical como expresión de la voluntad del legislador, fue asociada a un empleo del silogismo del modo barbara, en la que la ley era la premisa mayor desde la que se derivaba la solución al caso concreto; esta no era sino una particularidad de lo previsto en general en el texto legal, de forma que la sentencia judicial se deducía cómodamente desde allí.

Pero, como muestra Regina Ogorek, ya a principios del siglo XIX hubo juristas conscientes de la complejidad de los procesos aplicativos de la ley,

---

103.   Cfr. Ogorek (1986), passim.

que requerían la introducción de elementos ajenos al texto de la ley, incluyendo aspectos que iban de la personalidad del aplicador a circunstancias sociales que rodean al caso[104]. Esa conciencia fue en aumento a medida que avanzaba el siglo. Las corrientes que afirmaron la imposibilidad de controlar la solución jurídica desde el texto de la norma legal fueron variadas, desde la Escuela de Derecho Libre en Centroeuropa hasta la *Jurisprudence* de Roscoe Pound, pasando por François Geny[105]. Los positivismos normativistas del siglo XX también rechazaron la posibilidad de una aplicación literal de la norma jurídica. Y, en general, esa imposibilidad fue conectada con un rechazo del papel de la lógica en el Derecho, ya que esta sería el instrumento para derivar conclusiones de manera mecánica y necesaria desde el texto legal, una derivación imposible en muchos casos. Algunos autores como Helmut Coing o Claus-Wilhelm Canaris rebajaron el papel de las conclusiones lógicas, porque pensaban que el razonamiento jurídico es sobre todo teleológico y valorativo y, por tanto, va más allá de la lógica, que ellos entienden como disciplina puramente formal y deductiva[106]. Desde el campo positivista, cada uno a su modo, Hans Kelsen, H.L.A Hart y Norberto Bobbio reconocían las dificultades de la derivación deductiva desde la norma general. Kelsen conectaba este problema con su rechazo de la lógica en el Derecho, como muestra su discusión con Ulrich Klug.

Pero en esta historia es preciso aclarar cierta confusión. Como señalaba Luis Legaz, la lógica tiene su papel en el Derecho, aunque deba completarse con otro tipo de operaciones racionales[107]. Porque la misión de la lógica en el Derecho es explorar la estructura de las inferencias y los razonamientos, pero no ocuparse del contenido de las premisas. La lógica en el Derecho es tan imprescindible, como insuficiente. Imprescindible, porque el pensamiento humano posee algunas reglas estructurales para desenvolverse de forma inteligente, pero insuficiente, porque es incapaz de proporcionar la solución a una cuestión interpretativa o determinar en sentido de una acción humana. Efectivamente, el silogismo sería la última fase del razonamiento jurídico, pero su empleo requiere la elaboración previa de las premisas, una tarea que ya no está en manos de la lógica. Esta conclusión no sólo la sostienen autores de corrientes críticas con la idea de que el pensar jurídico puede moldearse según las leyes lógicas, sino también por los mismos defensores de la lógica jurídica, como Ulrich Klug. Reconoce que la lógica es imprescindible en todo pensar racional y, por tanto, también en el Dere-

---

104. Cfr. Ogorek (1986).
105. Sobre la Escuela de Derecho Libre y sus precursores, vid. Lombardi (1975), pp. 229 y ss. Vid. la postura similar en François Geny (1954). Y entre sus muchas publicaciones vid. Roscoe Pound (1923).
106. Cfr. Canaris (1969), pp. 23 y ss. Coing (1959), p. 8 y 23.
107. Cfr. Legaz (1975), pp. 1 y ss.

cho. La estructura de las inferencias lógicas ha de estar presente en las reflexiones del jurista si este quiere ser racional. El principio de no contradicción, por ejemplo, no puede ser ignorado. Pero, y este es un aspecto esencial que Klug trata aparentemente de pasada, todo ese trabajo lógico requiere que antes sean determinadas las premisas desde las que parte la inferencia. Y en esa determinación, aclara este autor, la lógica no interviene[108]. Cuestiones como el establecimiento del significado de la norma jurídica son objeto de otras disciplinas como la tópica o la retórica[109]. Es lo que de otro modo expresa Karl Engisch al alertar de que la corrección de una decisión jurídica depende de estar bien fundada en la ley y el Derecho y ese fundamento requiere la derivación desde la norma general como condición necesaria pero no suficiente; en este campo intervienen aspectos no formales de la corrección en los que el jurista encuentra el problema de la inseguridad del método, ante la inexistencia de una justificación puramente formal[110]. El mismo Engisch había expuesto la clave de la cuestión al citar a Schopenhauer cuando sostenía que el hombre sano no está nunca en el peligro de concluir falsamente, pero sí de juzgar equivocadamente. Porque los juicios erróneos son abundantes, mientras que las conclusiones equivocadas son raras. La sana razón (*Vernunft*) es tan frecuente como rara la correcta facultad de juzgar. Engisch añade que la lógica da simplemente meras indicaciones sobre la forma de concluir, es decir, sobre la forma de proceder cuando se tienen ya juicios preparados, pero no enseña cómo proporcionar con carácter previo tales juicios. Nadie falla al concluir, pero la dificultad y el peligro de errar están en el establecimiento de las premisas. Aunque Engisch advierte que estas afirmaciones de Schopenhauer han sido criticadas recientemente (él escribía hace 80 años), reconoce que, como jurista, la conclusión como tal preocupa poco, porque la dificultad principal está en la invención de las premisas tarea en la que ya no es lógica[111].

En efecto, el papel de la lógica en el Derecho es necesario pero limitado. Como señala García Amado, la lógica desempeña el papel de una justificación interna al atender a la corrección formal del razonamiento. Pero no entra en la verdad o falsedad de las premisas, es decir a la justificación externa de los contenidos de las premisas del razonamiento: ahí entran

---

108. Cfr. Klug (1982), pp. En la misma línea Weinberger (1973), pp. 22 y ss., y (1979), pp. 90 y ss., en las que compatibiliza aspectos deductivos y tópicos en el Derecho.
109. Desde hace tiempo los juristas aceptan que la lógica formal no se ocupa de contenidos. Ya en los años 30 del pasado siglo, dentro del debate metodológico ocasionado por el Realismo jurídico, Mortimer J. Adler afirmaba que el fin de la Lógica formal no es encontrar premisas para la argumentación. Cfr. Adler (1931), pp. 363 y 372. Cfr. sobre este asunto García Amado (1988), pp. 195-196, 212 y ss. Cfr. Engisch (1943), pp. 4 y ss.
110. Cfr. Engisch (1988), pp. 273-275, 279.
111. Cfr. Engisch (1943), pp. 4 y ss., 13

consideraciones sobre la verdad, la razonabilidad o la admisibilidad de un argumento[112]. En ese mismo sentido, Manuel Atienza señala que la limitación de la lógica es precisamente su carácter formal: ésta se ocupa de los esquemas de los argumentos, pero no de los argumentos mismos, que no pueden estar justificados por la lógica[113].

Es este un asunto que tiene un calado filosófico considerable, y ya Kant era consciente de la dificultad para garantizar el uso recto del juicio en la lógica, es decir, la existencia de criterios seguros para saber si algo cae bajo el paraguas de una regla[114]. Aunque esto Kant lo plantea desde el estudio de la razón teórica y el juicio, no para la aplicación cotidiana de las normas jurídicas (lo que a Kant no le interesaba), sí nos sitúa ante una cuestión clave del juicio y la lógica. Más recientemente, Hans-Georg Gadamer ha explicado que la actividad del juicio práctico, que consiste en subsumir lo particular bajo lo general, en el reconocimiento de un elemento dentro de una regla, no es una actividad lógicamente demostrable; requiere la presencia en el aplicador de capacidades y habilidades que no pueden dirigirse mediante demostración conceptual[115]. Gadamer explica que la hermenéutica que defiende no es una mera técnica o método para interpretar a partir de reglas, sino algo parecido a la filosofía práctica en la que no hay respuestas acabadas, porque lo más importante es preguntar en el plano de lo concreto vital[116]. Quizá Gadamer otorgue demasiado peso a una especie de gusto y sensibilidad entrenados a la hora de juzgar y desdeñe en exceso la viabilidad de las deducciones, pero no es posible obviar la presencia de elementos imprescindibles ajenos a la lógica en los juicios sobre asuntos humanos.

Todas estas tensiones entre juristas y lógicos podrían pacificarse mediante un adecuado reparto de papeles, aunque lo cierto es que muchos de los primeros siguen viendo la lógica como algo de difícil asimilación a lo jurídico. Desde ese punto de vista, la lógica es identificada con una forma de pensar que no capta lo esencial del Derecho. Arthur Kaufmann, por ejemplo, sitúa la lógica formal en el campo de lo técnico y lo calculable, y aunque ese campo tenga coincidencias con el Derecho, no puede ocupar totalmente la racionalidad jurídica; «hay que dar su importancia a la logística, pero ésta no puede ser una traidora del logos»[117]. Kaufmann adopta aquí una concepción amplia de lógica, como arte de pensar también apli-

---

112. Cfr. García Amado (2020), pp. 59 y ss., 76 y ss.
113. Cfr. Atienza (2016), pp. 185-186. El mismo sentido Weinberger (1979), p. 152.
114. Cfr. Jiménez (2016), pp. 7 y ss.
115. Cfr. Gadamer (1977), p. 63.
116. Cfr. Gadamer (1972), pp. 338-339, 343.
117. Cfr. Kaufmann (1971), p. 39.

cable a las cuestiones prácticas no formalizables, concepción que opone a la más estricta, la de lo computacional, que no sería adaptable al Derecho.

Para Kaufmann la irrelevancia final de la lógica (formal) obedece a la relevancia de la analogía en la aplicación del Derecho. Él piensa que un caso amorfo, conocido de forma empírica, no puede amoldarse sin más a una norma abstracta; esa adecuación sólo es posible si hay alguna correspondencia o similitud entre ambos planos: la norma abstracta es concretada e interpretada según el caso y el caso es construido teniendo en cuenta sus características relevantes a la luz de la norma: de esa forma un caso singular se transforma en un caso típico. Para Kaufmann esa igualación de norma y caso require un «tertium comparationis»: la naturaleza de la cosa, que no puede ser conocida mediante cálculos técnicos[118].

Ese rechazo de la lógica (entendida de forma estricta) llevó a algunos juristas a rechazar la pertinencia de decisiones jurídicas computarizadas ya antes de la aparición de la IA jurídica. Josef Esser escribía a principios de los setenta del pasado siglo que «la corrección de la subsunción depende de la corrección de la formación de la premisa mayor y de la consideración del caso, y ninguno de los dos juicios es prefabricado para ser ofrecido por el legislador para la alimentación de una máquina procesadora de datos»[119]. Karl Larenz refuerza esa línea de pensamiento cuando escribe que podrá ser útil usar computadoras para la decisión cuando las circunstancias del caso y potenciales aspectos imprevisibles no desempeñen ningún papel; pero siempre habrá campos en los que esa simplicidad no sea posible[120]. Martin Kriele lo expresaba de forma sucinta cuando escribía que no existía un algoritmo para interpretar normas jurídicas.

Si la lógica entendida como razonamiento puramente formal y calculable mediante un lenguaje específico parece poco útil en el Derecho, una IA basada en esa lógica resultaría poco prometedora. Pero los investigadores en lógica aplicada a la IA son conscientes de esos problemas y sus esfuerzos se centran en superarlos sin salir del campo de la misma lógica. En los últi-

---

118.   Cfr. Kaufmann (1992), p. 81. Por naturaleza de la cosa (un concepto que empleará a lo largo de toda su carrera) Kaufmann entiende los caracteres, exigencias y demandas de regulación justa que presenta un caso, inasequibles a un mero conocimiento empírico. Claro está que la percepción de la naturaleza de la cosa, imprescindible para una correcta aplicación normativa (según Kaufmann) no puede resolverse mediante la lógica.

119.   «Die Richtigkeit der Subsumtion hängt von der Richtigkeit der Obersatzbildung und der Sachverhaltswürdigung ab, und keines der beiden Urteile kann vom Gesetzgeber vorfabriziert zur Verfütterung an eine Datenverarbeitungsmaschine angeboten werden». Esser (1972), p. 63.

120.   Cfr. Larenz (1994), p. 231.

mos años, investigadores como Henry Prakken, Trevor Bench-Capon, Katie Atkinson, Bart Verheij, Thomas Gordon, Douglas Walton o Giovanni Sartor, entre otros, han dedicado numerosos trabajos al objetivo de adaptar la lógica, es decir el pensar formalizado mediante un lenguaje calculable y preciso, a los modos de razonar del jurista para ofrecer herramientas adecuadas a la IA. Porque ellos comparten las críticas lanzadas contra la lógica deductiva por parte de los juristas: también la consideran insuficiente para el Derecho. Entroncan así con la extensa corriente a la que he aludido en las páginas anteriores escéptica ante el deductivismo ya desde el siglo XIX y que en la segunda mitad del XX ha estado preocupada por justificar razonablemente los procesos no deductivos. En efecto, la IA jurídica de naturaleza lógica estará vinculada a las investigaciones sobre racionalidad no deductiva, pero incluyendo esa racionalidad en un marco lógico más amplio que el deductivo [121].

---

121. Otra explicación es que la decisión jurídica, en lo que no es susceptible de lógica, obedece a factores de tipo muy diverso, irracionales en última instancia, que pueden estar basados en la ideología, las preferencias subjetivas, consideraciones económicas o sociológicas, etc. El proceso por el que el jurista llega a la decisión no es susceptible de racionalidad de ningún tipo, tal y como, por ejemplo, mantiene Kelsen. Hay otra posibilidad más crítica aún. Algunas escuelas de pensamiento jurídico como los Realismos, sostienen que la lógica es irrelevante, porque la clave del pensar humano es la psicología, no la lógica. Juan del Val informaba al respecto a principios de los setenta del siglo XX, que, durante siglos, la lógica había sido vista como el estudio de las leyes del pensamiento, de forma que lógica y psicología se identificaban. Desde ese planteamiento, el pensamiento discurría según pautas lógicas y los errores eran desviaciones de la norma. Actualmente, sin embargo, lógica y filosofía son independientes, y en esa independencia la lógica se ha convertido en una disciplina ceñida a proposiciones analíticas que no describen hechos externos de forma que si el sujeto siguiera las normas lógicas el contenido no influiría en los resultados del razonamiento. Sin embargo, no suele ocurrir así, e investigaciones al respecto han mostrado que el sujeto no se atiene a normas lógicas, sino que razona dependiendo del contenido y la situación, y sus conclusiones están predeterminadas por factores extralógicos. Del Val consideraba que esa influencia de los contextos conducía a errores, pero quizá cabría decir que no se trata de errores, sino de que los caminos del pensamiento humano no siguen muchas veces esquemas lógico-formales. Del Val piensa que ha de ser posible encontrar formalismos diferentes que describan la conducta del sujeto cuando actúa y decide de manera alternativa a la lógica existente. El empleo de otras lógicas no implica que el sujeto sea consciente de ellas, de la misma forma que los sujetos no son conscientes de la gramática formal que describe el lenguaje que usan. Cfr. Del Val (), pp. 555 y ss., 566 y 574. Como veremos, esas lógicas alternativas tendrán una importancia grande en el desarrollo de la IA jurídica. Pero no podemos dejar de advertir que, si el pensamiento no funcionara según las reglas de la lógica formal, sino tal y como muestra la psicología, el razonamiento jurídico tampoco funcionaría mediante carriles lógicos y los intentos de formalizarlo estarían condenados al fracaso irremisible, incluso los protagonizados por lógicas alternativas a la deductiva; en tal caso, la IA no podría seguir ese camino lógico, ya que la solución de un problema jurídico

No es casual que tales movimientos estén influidos por un interés reno-vado en los modos en que Aristóteles estudió el conocimiento humano. Recordemos que la distinción, de procedencia aristotélica, entre las dife-rentes vertientes de la lógica y especialmente la noción de una lógica de las cuestiones probables había sido olvidada por los teóricos del Derecho hasta la segunda mitad del siglo XX, cuando resurge la reflexión sobre la racio-nalidad práctica, dentro de la cual también se desarrollan los mencionados intentos de diseñar una IA jurídica basada en lógica.

Uno de los esfuerzos lanzados desde el campo jurídico para superar los límites de la formalización lógica recibe la denominación de «lógica mate-rial». El concepto ha aparecido en la segunda mitad del siglo XX de la mano de diferentes corrientes de teoría jurídica.

Una es la obra de Luis Recaséns Siches. Sostiene que hay «otra provincia de la lógica diferente a de la lógica pura de lo racional, es decir la lógica de lo razonable, que está ocupada con la acción humana». Esta «nueva lógica material de lo razonable» (como escribe Recaséns) tiene las siguientes carac-terísticas: está condicionada por la realidad social concreta, en la cual opera. En segundo lugar, es un proceso que incluye el uso extenso de juicios de valor. En tercero, está determinada por razones de adecuación entre la rea-lidad social y los valores.

El Derecho requiere esta lógica material, explica Recaséns. Las reglas jurídicas no son expresión de valores lógicos, sino obra humana hecha por hombres bajo los estímulos de los problemas surgidos de la vida social y la cooperación que esta implica en un tiempo y lugar concretos. A pesar de esas diferencias, Recaséns destaca que el logos de la vida humana o la lógica de lo razonable es «lógica estrictamente rigurosa, aunque diferente a la lógica pura de naturaleza matemática». No es, además, una defensa del irracionalismo y para mostrarlo aduce la doctrina de Ortega y Gasset, quien demostró (según Recaséns) que su razón histórica, identificada con el logos de lo razonable propio de la existencia humana, es incluso más «estricta y más severa que la lógica física y matemática». Esta se ocupa sólo se expli-caciones causales de hechos, mientras que la razón conectada a la existencia humana no se refiere a los hechos, sino que está conectada a la comprensión de la vida humana[122]. Al relacionar esto con el Derecho, Recaséns señala que la ley debe reactualizarse en el caso: la ley como objetivación de vida

humano es descubierta de modos diferentes a los procedimientos formalizados. Esto plantea un problema, porque la consideración psicológica no puede ser normativa. Pero el razonamiento jurídico, sí. Es preciso buscar formas de argumentación y razo-nar que den sentido normativo, aunque no sean lógico-formales.

122.   Cfr. Recaséns (1962), pp. 194-196, 208.

humana encuentra «su ser efectivo y realidad concreta en las mentes y acciones de las personas que hacen efectivas las leyes», porque las reglas jurídicas viven, cambian y evolucionan mediante la interacción de los ciudadanos. Precisamente por eso, este autor explica que la lógica de lo razonable está limitada y circunscrita por la realidad concreta del sujeto que actúa y por juicios de valor propios también de esa situación.

Desde su línea hermenéutica, Josef Esser también defiende la noción de una lógica específicamente jurídica a la que considera lógica material. Esser parte de la identificación de la lógica con la lógica forma clásica o proposicional, que no cubre completamente el campo del Derecho: de ahí que afirme que el Derecho es a la vez lógica y experiencia. Sin embargo, esa parte que es campo de la experiencia, también puede denominarse lógico, aunque en este caso, ya no es formal, sino «objetivo»: la lógica objetiva, o lógica de la cosa, que se ocupa de lo que él denomina interrelaciones funcionales con otros valores y trabaja con contextos de comprensión. Que esta idea no es original lo reconoce el mismo Esser al mencionar el precedente de la Escuela de Derecho Libre, o el citar en otro momento a Recaséns.

Otros ejemplos del empleo de la lógica en la acepción de pensar material y específicamente jurídico lo encontramos (en el campo más amplio de la teoría moral) en Chaïm Perelman cuando de lógica habla de lógica jurídica para referirse al modo propio de argumentar de los juristas, vinculado a la retórica y la búsqueda de la persuasión. Y también en Jerzy Wroblewski al sostener que en la teoría jurídica hay cuatro instrumentos lógico-semánticos, entre ellos la lógica formal y la lógica no formal; esta interviene en aspectos como la interpretación de las normas o la determinación de las consecuencias jurídicas en un caso concreto[123].

Esta lógica material no sería susceptible de formalización y estaría excluida de la integración en programas y sistemas lógicos del tipo empleado por la IA. Desde luego, si entendemos la lógica como la disciplina encargada de las leyes formales de todo pensamiento racional, cuyo seguimiento garantiza la verdad del pensamiento, las denominadas lógicas materiales carecen de la seña de identidad de lo lógico, porque no se preocupa por el rigor formal de las inferencias; en ella esas estructuras formalizadas dejan el campo a consideraciones sobre el contenido de las premisas empleadas. Otro aspecto de la cuestión es el papel de la decisión en el ámbito jurídico y, por tanto, en el desenvolvimiento de las lógicas materiales. En efecto, el jurista ha de decidir, y en la medida en que hay decisión, hay elección, y en tal caso la solución al problema no se deriva de manera nece-

---

123.   Cfr. Wroblewski (1989), pp. 37, 43, 46.

saria desde la premisa según pretende la lógica; la lógica de la cosa, de lo razonable, acoge elementos diversos que implican valoraciones y puntos de vista variados que impiden la derivación necesaria de una conclusión, carácter que sería propio de la lógica; en ese proceso, la lógica material ofrece un abanico de soluciones posibles y, en tal caso, se abre a la decisión.

Dicho de otro modo, las soluciones jurídicas provienen de decisiones, como ha resaltado Gregorio Robles; y precisamente por eso, señala este autor, la actividad propia del jurista no estaría regida por la lógica, sino por la argumentación y la retórica, que ofrece asideros para diferentes puntos de vista sobre una cuestión, asideros que deben ser objeto de elección. Hablar de lógica de lo razonable o lógica material sería un contrasentido[124]. Es cierto que los defensores de la lógica, como disciplina formal, no olvidan los argumentos típicamente jurídicos como la analogía o el argumento *a fortiori*, y presentan la estructura formalizada de esos razonamientos, aunque sin entrar en las cuestiones de contenido de las premisas empleadas[125]. Tampoco habría, desde este punto de vista, una lógica material: la lógica es formal y lo que no tiene ese carácter es otro aspecto (tan necesario como el primero) para para la racionalidad de la decisión jurídica.

Otra perspectiva sobre la materia (aunque también sirva para confirmar los límites que tiene la lógica en el Derecho) la ofrece Manuel Atienza cuando proporciona una clasificación general de la argumentación concebida como un proceso informativo en el que hay un paso desde la información contenida en la premisa hasta la conclusión; cuando en el punto de partida está toda la información, argumentar es deducir; si la información contenida en la premisa es insuficiente o contradictoria, la argumentación tendrá que añadir algo a la premisa o suprimir parte de su contenido. En el primer caso, entra en acción el silogismo subsuntivo; en el segundo, argumentos como la analogía, *a contrario sensu*, *a fortiori*, a pari, o reducción al absurdo, entre otros[126]. Es verdad que ese tipo de razonamientos pueden ser reflejados mediante esquemas que explican las estructuras especiales de esas inferencias, pero es igualmente cierto que las cuestiones clave, como determinar el aspecto del caso o del interés en juego que permiten aplicar esos argumentos, son ajenas a la formalización.

---

124. Cfr. Robles (2021), pp. 84 y ss.
125. Cfr. Klug (1982), pp. 109 y ss. Klug piensa que este es el ámbito específico de la lógica jurídica, es decir, el de formalizar y esquematizar la estructura del razonamiento analógico. Pero la elección de las premisas no es lógica, ni siquiera la específicamente jurídica. Klug (1982), pp.154.
126. Cfr. Atienza (2013), pp. 221 y ss.

Como vemos, con independencia de que adoptemos conceptos amplios o estrictos de lógica, lo que parece innegable es que para el jurista un modo de razonar que se fije sólo en lo exclusivamente formalizable restringe demasiado su campo de actuación. Probablemente Theodor Viehweg sea uno de los que sinteticen de forma más clara esa restricción cuando diferencia entre la tópica y la lógica. En 1953, Viehweg llamó la atención sobre la olvidada tópica, es decir, el arte de la invención de las premisas que habían elaborado Aristóteles, Cicerón o Quintiliano y que había encontrado acogida en los juristas del *ius commune*. Ya mencioné este tipo de razonamientos páginas atrás, que dominó la mentalidad del jurista europeo durante siglos, pero que fueron olvidados en el plano de la reflexión teórica desde la modernidad. Uno de los méritos de Viehweg ha sido volver la mirada a ese procedimiento de búsqueda de argumentos. Y lo traigo a colación en este momento, porque subraya la diferencia entre el *ars inveniendi* y la lógica demostrativa. Viehweg explica que es preciso diferenciar el pensamiento dedicado a la busca del material del razonamiento de otro pensamiento que se ajusta a la lógica; este segundo tiene que posponerse al hallazgo de las premisas. Recordemos que la clave del planteamiento de Viehweg es concebir el Derecho como un pensar dedicado a la resolución de problemas, de manera que la estructura del problema conforma la estructura del pensamiento jurídico; de ahí que no quepan largas cadenas de razonamientos deductivos, ya que las características del problema, variables, provocan la introducción de razones nuevas constantemente. Esa introducción es, señala Viehweg, una «meditación prelógica, pues la *inventio* es primaria y la conclusión secundaria. La tópica enseña cómo se encuentran las premisas y la lógica las recibe y trabaja con ellas». Añade que la vinculación con el problema impide «el razonamiento lógico hacia atrás y hacia delante, es decir, la reducción y la deducción»[127]. Pero esta distinción que lleva a cabo Viehweg no está exenta de ambigüedad (algo que no carecerá de importancia para la IA, como indicaré más adelante), porque en principio parece que tópica y lógica, aun diferentes, se compatibilizan, tal y como los dialécticos premodernos veían las artes *inveniendi* e *iudicandi*. Sin embargo, esa compatibilidad impide en realidad un uso verdaderamente decisivo de la lógica. Porque Viehweg explica que las premisas de la tópica se legitiman mediante la aceptación del interlocutor; en cambio, la demostración de una premisa mediante la lógica requiere un sistema deductivo que reconduzca a una proposición central; en este supuesto el sistema decide por sí mismo sin necesidad de una invención, porque las premisas

---

127. Cfr. Viehweg (1986), pp. 62-63.

son verdaderas o falsas según los modos de la lógica bivalente[128]. En consecuencia, la decisivo es la aceptación de la premisa como argumento eficaz, y el papel de la lógica es muy secundario, ya que lo importante es resolver el problema, y esa resolución depende de la premisa hallada tópicamente[129].

Me he detenido en algunas opiniones de Viehweg, porque hace hincapié en aspectos que luego serán tenidos en cuenta por investigadores de lógica e IA que citarán expresamente la retórica y el *ars inveniendi* de raíz ciceroniana para intentar insertarlos en las estructuras de un razonamiento formalizado, algo que habría sorprendido al propio Viehweg. No podemos ignorar, no obstante, que la propuesta de Viehweg se inserta en una tendencia más amplia de preocupación por las teorías de la argumentación desplegada a partir de la segunda mitad del siglo XX y de la que forman parte autores como Chaïm Perelmann o Stephen Toulmin; estos autores aparecerán citados en las propuestas más novedosas de una IA jurídica basada en la lógica. Ya a mediados del siglo pasado, Stephen Toulmin había expuesto las limitaciones de los razonamientos formales y deductivos dominantes. Entendía que la clave de lo razonable estaba en la calidad que sustenta las premisas, en la relevancia de razones rivales, y en la adaptación a diferentes asuntos. La formalización (propia del cálculo y la computación) no podía ser el único criterio para la argumentación[130]. No es extraño que estos autores formen parte de los experimentos para formalizar lo argumentativo que utilizarán un conjunto de lógicas alternativas a la deductiva.

3.2.2. LÓGICAS ALTERNATIVAS E IA

Las críticas a la aplicación de la lógica deductiva al Derecho que he expuesto en las páginas anteriores son compartidas por muchos de los expertos actuales en lógica y computación que están interesados en el desa-

---

128. Cfr. Viehweg (1986), pp. 67-68. Viehweg señala que en el ámbito jurídico los argumentos tienen un carácter pragmático y situacional. Viehweg (1991), p. 178. En esa línea Waldemar Schreckenberger explica que las cuestiones y argumentos jurídicos se entienden en contextos comunicativos pragmáticos; y sostiene que el estudio de las estructuras lógicas es menos relevante para esa finalidad. Cfr. Schreckenberger (1987), pp. 15 y ss.

129. Sobre la tópica jurídica de Viehweg y sus derivados vid. García Amado (1988), per totum. Tal y como señala García Amado, la tópica de Viehweg entiende la aceptación de las premisas de un modo pragmático, alejado de la preocupación por el rigorismo formal de las inferencias. La clave de la tópica es la aceptación no la adecuación a ningún criterio objetivo de justicia.

130. Toulmin (1958), passim.

rrollo de sistemas de IA jurídica[131]. Al igual que tantos juristas críticos con el empleo de la lógica a los que me he referido páginas atrás, piensan que en numerosas ocasiones es imposible deducir la solución jurídica desde el texto de la norma y que, en consecuencia, la resolución de las controversias jurídicas requiere valoraciones de las que esa lógica moderna no puede ocuparse. Pero, a diferencia de lo que les ocurre a los juristas, estas insuficiencias no han arredrado el ánimo de esos investigadores en lógica y argumentación que, en las últimas décadas, han desarrollado propuestas destinadas a renovar la lógica para adaptarla a las peculiaridades del discurso práctico en general y del jurídico en particular, y diseñar sistemas de IA que aprovechen esos resultados para diseñar un razonamiento jurídico que sea formalizado y calculable.

Para cumplir esa tarea dirigen su atención hacia sectores de la lógica que desde hace ya bastante tiempo han tomado derroteros diferentes al deductivismo. Como señala Manuel Atienza, los problemas que la lógica deductiva estándar plantea a la hora de dar cuenta de argumentos jurídicos intentan ser superados por otras lógicas que a veces son extensiones de esa lógica deductiva estándar y en otras ocasiones se presentan como alternativas o incluso divergencias de ese modelo estándar[132]. Los lógicos enlazan así con las inquietudes que desarrollan los expertos en argumentación empeñados en diseñar sistemas de IA utilizando instrumentos como la lógica no monótona, el razonamiento derrotable o la argumentación abstracta[133]. Es difícil exagerar la importancia de esta línea de investigación, porque, de ser exitosa, podría solucionar graves problemas de incertidumbre en el Derecho y, por tanto, de ausencia de certeza y seguridad, gracias al empleo de sistemas formales y computacionales que resuelvan disputas jurídicas.

Como la lógica deductiva no es capaz de proporcionar las herramientas para cumplir esa exigencia, una tendencia renovadora de especial relevancia en este campo es la denominada lógica multivaluada, que se presenta como alternativa a la lógica clásica (es decir, deductiva). Ángel Garrido explica que las lógicas multivaluadas surgen en la primera mitad del siglo XX, de manera principal gracias a la Escuela de Lvov-Varsovia con Jan Lukasiewicz y a partir de influencias variadas, desde el estudio del problema de los «futuros contingentes» que realizó Lukasiewicz para dirigirse hacia las lógicas de objetos carentes de rigidez, a la obra del alemán Max Black que se propuso modelizar la vaguedad, sobre el trasfondo de la física

---

131. Cfr. una crítica a la inadecuación de la lógica deductiva para la IA general en Palau (2006), pp. 13 y ss.
132. Cfr. Atienza (2016), pp. 175 y ss.
133. Cfr. Van Emereen / Verheij (2017), pp. 2114 y ss.

cuántica y su principio de incertidumbre, que tuvo alguna relación con el interés por una lógica de lo difuso[134].

A diferencia de la lógica clásica-deductiva, que es bivalente, porque sólo tiene dos valores: verdad o falsedad de contornos rígidos, y está regida por el principio de no contradicción y del tercero excluso, la lógica multivaluada contiene valores de verdad intermedios; de esa forma, es capaz de responder a realidades que admiten una gradación de la verdad[135].

Parecida a la lógica multivalente es la lógica difusa, relacionada con la teoría de los conjuntos difusos, desarrollada por Lofti Zadeh; esta lógica pretende crear un formalismo capaz de manejar eficazmente la incertidumbre y la imprecisión propias del pensamiento humano[136]. En efecto, Zadeh sostiene que las clases de objetos encontrados en el mundo físico real no tienen criterios precisos de pertenencia a un grupo; la clase de los animales incluye claramente a seres como los perros o los caballos y excluye con igual claridad otros objetos como plantas o rocas; sin embargo —afirma Zadeh— objetos como las estrellas de mar o las bacterias tienen un estatus ambiguo respecto de la clase de los animales, una ambigüedad que comparten con el número 10 en relación con la clase de los números reales que son mayores que 1. Clases como esta última o la compuesta por todos los hombres altos no son conjuntos en el sentido matemático usual, sino clases en sentido impreciso, aunque desempeñan un papel importante en el pensamiento humano, particularmente en ámbitos como «las pautas de reconocimiento, la comunicación, la información y la abstracción»[137]. Estas clases de elementos son «conjuntos difusos» y aclarar sus propiedades puede tener utilidad para crear un marco conceptual con una aplicabilidad más amplia que el conjunto de conceptos ordinarios, ya que se dedicaría a problemas en los que la fuente de imprecisión es la ausencia de un criterio preciso de pertenencia al conjunto. Establecer esas bases es lo que se propone Zadeh. Lo primero que destaca es que la pertenencia en los conjuntos ordinarios está marcada sólo por dos variables, 1 o 0, indicando la pertenencia o no al conjunto. Pero la función se hace más compleja en los conjuntos difusos, ya que puede ir variando desde 0,1, 02, 0,5, 0,95, etc. Y subraya que esa función tiene un carácter no estadístico; a partir de ahí Zadeh analiza las propiedades matemáticas de esas funciones, aunque no explica cómo conectar las funciones con realidades concretas en las que podamos establecer el grado

---

134. Cfr. Garrido (2014), p. 82.
135. Cfr. Garrido (2014), pp. 37, 162.
136. Cfr. Garrido (2014), p. 43.
137. Cfr. Zadeh (1965), p. 338. No fue un planteamiento aislado. Relacionada con esta lógica está la teoría de los conjuntos rugosos de Z. Pawlak, o la de los conjuntos aproximados, que son importantes para la IA, como señala Ángel Garrido. Cfr. (2014), pp. 163 y ss.

de pertenencia. Recordemos que la lógica borrosa tiene como misión formalizar el tipo de razonamiento que trata con elementos borrosos, situaciones en los que el valor de verdad no es 1/0, sino gradaciones entre los valores extremos, pero no proporcionarnos el conocimiento de las premisas desde las que desarrollar el razonamiento borroso. Dicho de otro modo, esta lógica no nos proporciona los grados de «borrosidad» de las premisas utilizables en el razonamiento.

Lo cierto es que los defensores de la lógica difusa afirman que el pensamiento humano funciona de forma difusa y no según la lógica bivalente de tipo clásico. Y es que según ellos la clave de ese pensar no es el número, sino objetos propios de conjuntos en los que la transición de pertenencia a los mismos es gradual[138]. En esta línea, afirma Ángel Garrido que esta lógica le parece más adecuada para las ciencias sociales y las disciplinas humanísticas, como la filosofía, el Derecho o la pedagogía, pero reconoce que hasta ahora sólo hay intentos muy iniciales.

Ese escaso desarrollo puede deberse a la característica común a toda lógica, también a esta: el carácter exclusivamente formal. Aunque hablemos de lógica difusa, sería mejor llamarla lógica de los objetos borrosos o difusos, porque su pretensión es ser rigurosa y superar la vaguedad y la imprecisa de los objetos de los que trata; dicho de otra forma: aspira a tratar con rigor formal (porque esa es la característica de cualquier clase de lógica) lo impreciso. Desde luego, esa finalidad puede parecer un tanto contradictoria. La contradicción aparece en los intentos de aplicar la lógica difusa para la resolución de cuestiones referentes a las acciones humanas; tal y como indicaré en las páginas que siguen, la dificultad para formalizar los procesos de razonamiento empleados en una decisión jurídica sigue presente incluso al emplear una lógica presuntamente más flexible. En efecto, el empleo de la lógica difusa en ingeniería, en diseños encargados del control de temperatura en un edificio, por ejemplo, es exitoso, porque en esos casos la lógica difusa trabaja con magnitudes cuantitativas fácilmente descomponibles en gradaciones combinables. Sin embargo, los intentos de aplicar esta lógica al Derecho no parecen llevar a la precisión buscada por sus defensores.

En todo caso, no es extraño que al jurista pueda parecerle prometedora esta lógica, porque el conocimiento de la realidad jurídica parece responder muchas veces a los caracteres de lo difuso. Es fácil recordar al respecto a H.LA. Hart cuando recordaba que las normas tienen un núcleo de significado más o menos claro, pero también una «zona de penumbra». No es sólo el significado de la norma el que está afectado por las penumbras. La validez

---

138.   Cfr. Garrido, p. 46.

a veces puede ser discutida, la determinación de los hechos está abierta a discusión. Por tanto, el razonamiento en esas cuestiones podría amoldarse a las reglas de la borrosidad.

Una muestra es el intento de Lothar Philips para emplear este tipo de lógica en el Derecho Penal. Parte de los problemas de indeterminación propia de los conceptos jurídicos y considera útil para afrontarlos la lógica difusa. Trae a colación ejemplos como el de la aplicación de coeficientes a diferentes grados de imprudencia para poder establecer con más precisión sus diferentes niveles de gravedad; también la emplea para establecer el tiempo que ha de esperar el causante de un accidente de tráfico en función de la gravedad del daño causado. No obstante, estos intentos dependen de las valoraciones que el autor del esquema lógico quiera dar: los modos de la lógica difusa no explican qué es la imprudencia, o qué es un daño; tampoco lo pretenden, porque no es esa la misión de la lógica formal, pero ocurre que la existencia como tal de esas gradaciones no proporciona respuestas precisas a los problemas, ya que ésta depende de la decisión del jurista que otorga puntuaciones a los grados; no hay un esquema lógico que proporcione la solución, más allá de la exposición de un esquema aclarativo[139]. Es lo mismo que sucede con la lógica clásica deductiva: proporciona estructuras, no contenidos. La lógica difusa explica la estructura de un razonamiento con conceptos que no están completamente determinados, pero no proporciona la decisión que elige el significado preciso entre las posibilidades contenidas en la indeterminación.

Quizá la lógica derrotable tenga mayor influencia que la lógica difusa en los desarrollos teóricos de la IA[140]. Parte de la comprobación (muy evidente para muchos juristas como ya hemos visto) de que las razones en una estructura argumentativa pueden perder la dinámica lineal propia de los silogismos clásicos, si aparecen razones nuevas con más peso que desplacen a la razón primera; las razones son derrotables en la medida en que están abiertas a la contradicción por otras razones. La relación de este tipo de lógica con la calificada de no monotónica es evidente, porque el triunfo de una razón sobre otra implica al mismo tiempo que el curso del razona-

---

139. Cfr. Philips (1993*).
140. Por otra parte, la idea de derrotabilidad, aunque con otra terminología está presente en la tradición del pensamiento jurídico. A mediados del siglo XX y dentro del campo de la lógica Stephen Toulmin expuso el juego de argumentos de diferente peso que introducían excepciones en los criterios garantizadores de la argumentación. De ahí, aclara, que las conclusiones obtenidas sólo puedan ser presuntas. Además, Toulmin señala como modelo de la lógica la ciencia jurídica, no la matemática, ni la geometría, a causa del carácter abierta a contraposiciones argumentativas de la primera. Cfr. Toulmin (1964), pp. 7 y ss., 118, entre otras.
La actual lógica derrotable se mueve en esa línea.

miento no puede ser rectilíneo o monotónico; de ahí que ambas lógicas suelan ir parejas en la investigación de IA[141].

En el desarrollo de este tipo de lógica han desempeñado un papel muy destacado las aportaciones de Phan Minh Dung dedicado a la argumentación abstracta, en el que estudia esquemas para simbolizar la aparición de las nuevas razones que desplazan a las antiguas[142]. Pero ocurre que esta aportación se mueve dentro del campo de la lógica y, por tanto, sólo pretende formalizar esas situaciones de conflicto entre razones sin explicar por qué una razón «pesa» más que otras en una situación dada; el mismo Dung explica que la estructura interna del argumento no es relevante para su investigación[143]. Eso es algo que se presupone en este tipo de modelizaciones[144]. Lo mismo sucede con la distinción establecida por John Horty entre factores y dimensiones, que tiene gran influencia en la IA basada en lógica. Los primeros son proposiciones lógicas que tienen un significado fijo; las dimensiones, en cambio, son un conjunto de valores, ordenados entre sí de manera que los valores favorecen diferentes situaciones según circunstancias y tienen una dimensión cualitativa. Un modelo de razonamiento basado en dimensiones exige precisamente la determinación de qué dimensiones son importantes[145]. Parece claro que esta diferencia es útil para explicar el razonamiento jurídico, porque el fácil ver la norma como una dimensión susceptible de variaciones de significado en función de situaciones; no obstante, la reflexión lógica de Horty no explica cómo discernir los diferentes valores adscritos a una dimensión ni cómo jerarquizarlo; que es lo que verdaderamente interesa al jurista.

En cualquier caso, la pretensión modelizadora de estos razonamientos difusos y no rectilíneos ha calado hondo en los estudiosos de las relaciones entre la IA y el Derecho que disponen, por tanto, de una panoplia de instrumentos lógicos alternativos. Su empeño es ambicioso y los resultados abundantes, si tenemos en cuenta el listado de publicaciones dedicadas a investigar lógicas alternativas aplicables a la IA. Ambicioso, porque la fina-

---

141. Cfr. Prakken / Sartor, (1996), pp. 3 y ss.
142. Vid. Dung (1995), per totum. Sobre la influencia de Dung en el desarrollo de formalismos argumentativos vid. Bench-Capon (2020), per totum. Este artículo de Bench-Capon muestra que esa influencia lleva a la relevancia de esquemas que abstraen formas argumentativas, pero no ofrecen solución de problemas concretos.
143. Cfr. Dung (1995), p. 326.
144. Cfr. Van Eemeren / Verheij (2017), p. 2121. Un ejemplo de aplicación de los marcos de argumentación abstracta a la decisión política lo ofrece Gustavo Bodanza, para esquematizar modelos de elección racional para ordenar preferencias. Como es habitual en esta línea de investigación, no ofrece respuestas concretas, ni explica por qué se elige algo. Vid. Bodanza (2020), per totum.
145. Cfr. Horty (2019), pp. 310 y 320 y ss.

lidad es encontrar sistemas de IA que argumenten en el Derecho. Hace algunos años Kevin Ashley y Vern Walken explicaban que hasta ese momento los sistemas de IA estaban diseñados como recuperadores de información, en ese caso jurídica: usaban inferencias estadísticas basadas en la frecuencia en la que aparecían determinados términos. En cambio, la denominada recuperación por expertos e IA de argumentos sí intenta elucidar justificaciones para casos concretos; aunque estos autores escribían que todavía eso era un proyecto, no algo real[146]. Pero, dada la rápida evolución de la tecnología, quizá quepa plantear que ahora sí es factible esa capacidad para extraer argumentos de peso.

Dentro de ese despliegue actual de la IA lógica, Henry Prakken distingue dos fines en los estudios que aplican modelos lógicos a la IA. El primero es teórico: comprender el razonamiento jurídico mediante una simulación en un ordenador. El segundo es práctico y pretende ayudar al profesional del Derecho mediante el empleo de tecnologías de la información. En ambos casos, piensa Prakken, los intentos han sido exitosos[147]. Retengamos una idea importante que Prakken nos recuerda y a la que volveré: la IA tiene como misión colaborar con el jurista, no sustituirlo.

A la hora de desempeñar esa tarea, Henry Prakken defiende la posibilidad de formalizar aspectos del razonamiento jurídico que habitualmente son considerados no formalizables. Tal y como han escrito tantos juristas, afirma que en el Derecho no sólo tiene lugar la deducción, sino también la argumentación; el razonamiento jurídico va más allá del significado de las normas jurídicas y requiere el uso de precedentes, principios, consideraciones de política legislativa, fines; en suma, es preciso considerar razones a favor y en contra, atender a excepciones y conflictos de normas; la IA ha de tener en cuenta esta realidad. Afirma que a veces sí es eficaz la deducción, tal y como muestran los sistemas expertos que contienen una base de conocimiento desde las que es fácil extraer respuestas jurídicas. Pero no siempre es posible deducir y cuando no lo es, surge la necesidad de usar una lógica no monótona y salvar el vacío (*gap*) entre el lenguaje jurídico general y el caso concreto[148]. Aparentemente, los programas informáticos cuyas peculiaridades describe Prakken permiten argumentar a favor y en contra de pretensiones y no sólo efectuar deducciones. Y para ello tienen en cuenta no sólo reglas, sino también casos, principios, fines, valores[149].

---

146. Vid. Ashley / Walker, per totum.
147. Cfr. Prakken (2015), p. 2.
148. Cfr. Prakken, (2021), per totum. Prakken (2015), pp. 2 y ss.
149. Cfr. Prakken, Legal Reasoning, pp.

Reconozcamos que el plan de Prakken y los autores que lo acompañan es un tanto paradójico, porque parte del reconocimiento de las características que dificultan y, con frecuencia, impiden que la lógica sirva para solucionar problemas jurídicos y a partir de ese reconocimiento investigan la posibilidad de formalizar justamente lo que imposibilita la formalización.

Reparemos en que en tales intentos no hay una influencia considerable de la lógica deóntica, surgida de la mano de Georg von Wright, quien ya se había propuesto trasladar los oficios de la lógica a la aplicación de normas. Estos lógicos interesados en la IA no suelen plantearse el problema de la posibilidad de aplicar la lógica a proposiciones que no sean descriptivas, algo rechazado por una lista larga de estudiosos de la lógica, pero defendido por von Wright en su elaboración deóntica. No voy a entrar ahora en el estudio de la obra de von Wright, pero sí quiero mencionar propuestas recientes que intentan traducir la lógica deóntica en esquemas formales resultan ser formalismos abstractos que no ofrecen soluciones concretas. Es la esquematización *a posteriori* de procesos de pensamiento previos no formalizados[150]. Cabe preguntar si los expertos en lógica e IA, que utilizan lógicas alternativas a la deductiva consiguen superar esa situación.

En el planteamiento de Prakken aparece la inadecuación de la deducción en el Derecho y la tensión entre lo general y lo particular, ideas que, como ya he reseñado más arriba, son patrimonio común de los juristas desde hace siglos. Es llamativo que toda esa tradición no aparezca citada en estos lógicos, que sí mencionan (como recordaba más arriba) a autores no juristas, como Stephen Toulmin o Chaïm Perelman. Estas investigaciones sobre aplicación de lógicas alternativas al razonamiento jurídico ofrecen conclusiones a la que muchos juristas habían llegado ya hace siglos y que han resaltado especialmente en el debate metodológico desde la segunda mitad del siglo XX. Sin duda, esas reflexiones surgidas en el ámbito del Derecho serían iluminadoras para quienes intentan de formalizar el razonamiento práctico en general y jurídico en particular mediante la IA.

Una coincidencia entre juristas (que no son mencionados) y lógicos «complejos» es atender a la presencia de valoraciones en las cuestiones prácticas en general y en las jurídicas en particular. Una lógica empleable por la IA aplicada al Derecho ha de tener en cuenta esas valoraciones e intentar formalizarlas. Al respecto, Bart Verheij reconoce la importancia de

---

150. Vid. Arkoudas / Bringsjord / Bello, (2005), per totum. Lo mismo puede decirse de lo expuesto por Broersen / van der Torre (2012), pp. 55 y ss. Idéntica reflexión puede hacerse sobre los sistemas multiagentes aplicados a la racionalidad práctica en Maudet / Parsons / Rahwan (2006): son reflexiones generales sobre lo práctico, sin formalización.

los valores sociales en las decisiones de los tribunales de tal manera que la corrección del argumento no es sólo lógico-formal, también se refiere a los contenidos[151]. Como señala Verheij, uno de los retos para la IA reside en el diseño de sistemas éticos completos. Mientras que los llamados sistemas éticos implícitos están limitados por el diseño para actuar sólo según un comportamiento ya delimitado como correcto, sin posibilidad de apartarse de esa delimitación; los sistemas completos, en cambio, toman decisiones autónomas que requieren justificación, y la obtención de la justificación resulta complicada. Para conseguirlo, explica Verheij, es necesario tener en cuenta la dependencia de la argumentación respecto del contexto, los valores y las reglas. Este anuncio de proyecto me parece importante, porque marca los hitos básicos de la investigación de la IA aplicada al razonamiento jurídico. En primer lugar, porque pretende diseñar un sistema capaz de juzgar y decidir en situaciones en las que hay cuestiones valorativas. Y en segundo, porque reconoce que es preciso tener en cuenta tanto las reglas, como los valores y los contextos o situaciones en las que se desenvuelve la decisión. La IA, continúa Verheij, ha de estar relacionada con la ética, porque estos sistemas «deben hacer lo correcto» en situaciones complejas e imprevisibles, lo que implica una decisión ética compleja[152].

La propuesta de Verheij me parece relevante esta opinión, porque parece admitir la posibilidad de que un programa de IA sea capaz de tomar decisiones auténticamente correctas: eso implica captar las nociones de corrección y complejidad, y la manera en la que la variación circunstancial afecta a las consideraciones sobre la corrección de una acción concreta. Un empeño sin duda ambicioso para sistemas que pretenden someter a lenguaje computacional una decisión práctica, y en ningún caso alcanzar la autoconciencia o la conciencia moral acerca de lo bueno y lo malo.

Esto último tampoco parece importar demasiado a estos autores, porque ellos no se preocupan por el contenido de principios, bienes o valores, sino de la estructura de los procesos decisorios. En esa línea adoptan un concepto de razonamiento práctico limitado, que identifican con la toma de decisiones para conseguir un resultado determinado que requiere decisiones en un entorno complejo. En esa línea, Katie Atkinson y Trevor Bench-Capon explican que el razonamiento práctico sirve para decidir qué hacer y cómo justificar esa decisión. Quienes deciden son agentes que se mueven en un mundo cambiante e influyente en su comportamiento. En este plano, como algo propio de esta lógica derrotable y no monotónica empleada en los sis-

---

151. Cfr. Verheij, p. 390. Una vez más hay que repetirlo: el que el razonamiento jurídico deba ser correcto, no sólo formalmente irreprochable, ha sido puesto de manifiesto por la teoría jurídica desde hace tiempo.
152. Cfr. Verheij (2016), pp. 388 y ss.

temas de IA, los argumentos tienen un carácter «presunto», es decir, están sujetos a crítica y su peso dependerá de su resistencia a ataques; en esas interacciones los valores tienen un papel destacado[153].

Con la pretensión de formalizar esas decisiones estos autores han desarrollado sistemas que intentan recoger valores y fines que puedan motivar y justificar el juicio. Más específicamente quieren sustituir en el modelo los deseos de los agentes (que son estados de hecho) por valores, que puedan ser aspiraciones permanentes. Y posteriormente adscriben al agente un conjunto de preferencias que permitan elegir entre esos valores; uno de los sistemas es el denominado «Action-based Alternating Transition System», que serviría para que los valores puedan ser promovidos mediante una «transición entre estados»[154].

Pero lo cierto es que en tales sistemas (al estilo de Dung) encontramos sólo esquemas abstractos que no proporcionan respuestas concretas. Cuando, en este ámbito investigador, Bench-Capon junto a Sanjay Mogdil se acercan a cuestiones más específicamente jurídicas muestran ser conscientes de los aspectos no deductivos del razonamiento jurídico. Y aplican esos modos a casos propios del *common law*, como Pierpoint v. Post, decisión del Tribunal Supremo de New York (1805), un asunto muy citado en el Derecho americano en la que se discutía la adquisición de un zorro cazado en una propiedad privada ajena. Lo que quiero destacar ahora es que la formalización, que supuestamente puede servir para trabajar con este caso y aplicarlo analógicamente Atkinson y Bench-Capon emplean lo que denominan «Belief-Desire Intention agents» para representar diferentes perspectivas sobre el caso junto con una argumentación basada en valores, porque decidir un caso es justificar una acción; intentan calcular el estatus dialéctico de la argumentación[155]. Lo mismo sucede en otro análisis lógico de la evolución de la responsabilidad por accidentes en sucesivas sentencias judiciales del Estado de New York. Los autores se esfuerzan por mostrar que en ellas hay, partiendo de decisiones previas, una variación de argumentos en función de modificaciones circunstanciales y apreciaciones valorativas, y que eso es muestra de lógica derrotable.

---

153. Cfr. Atkinson / Bench-Capon (2006), pp. 95, 100.
154. Cfr. Atkinson / Bench-Capon, «States, Goals and values: Revisiting Practical Reasoning».
155. Cfr. Atkinson / Bench-Capon, (2006), pp. 93 y ss. 104 y ss. El estudio sigue la línea iniciada por Donald Berman y Carole Hafner para representar formalizadamente el razonamiento teleológico en el case-based law, que, tal y como correctamente piensan, tiene un carácter teleológico. Estos autores afirman que sólo pretenden aportar datos para desarrollos fututos de la formalización teleológica. Cfr. Berman / Hafner, (1993), pp. 50 y ss. Ya aparece aquí Pierpoint vs. Post como propuesta para formalizar. Pero la explicación acerca de cómo formalizar lo teleológico queda sin responder.

Bench-Capon y Atkinson son tan conscientes de las peculiaridades del razonamiento jurídico que afirman la necesidad, a veces, de incumplir una norma jurídica para obtener una solución razonable; aunque no lo citen, parecen referirse a lo que Aristóteles entiende por epiqueya, es decir, atender a la finalidad de la norma para resolver un caso que no está previsto por ésta: lo que el legislador habría decidido si hubiera conocido el caso. La defensa explícita de una interpretación teleológica y basada en valoraciones les lleva a adoptar criterios de lógica no monotónica, ya que la imposibilidad de prever todas las excepciones impide una inferencia deductiva desde la norma; un ejemplo que aducen es la resolución de antinomias, que implica elecciones y decisiones entre criterios de diferente peso. De ahí se deriva el problema de decidir en el Derecho: ¿Cómo elegir? En función de los valores preferentes presentes en el auditorio[156]. La referencia a Perelman es expresa, pero lo cierto es que la investigación lógica no proporciona tales valores que han de ser compartidos por el auditorio. Lo que no es extraño, porque la lógica, aunque sea monótona o derrotable sigue siendo formal y no proporciona contenidos, como ya indiqué antes. Lo que pretende es mostrar que los razonamientos al aplicar normas jurídicas también siguen esquemas que pueden ser expuestos de manera formalizada. Afirman expresamente que usan argumentos y valores para acomodar la maquinaria formal a las elecciones de preferencias acerca de valores[157], pero no aparece ninguna reflexión sobre por qué son elegidos unos valore u otros.

Y aquí aparece el problema básico de este tipo de propuestas. Porque lo ofrecido es un conjunto de formalismos que esquematizan decisiones y razonamientos previos. Aunque los autores intentan mostrar que los razonamientos judiciales, por ejemplo, responden a las estructuras de las denominadas lógicas derrotables, resulta claro que las apreciaciones de los bienes jurídicos en juego y la elección de las respuestas son previas a esa esquematización. Desde luego, los ejemplos aducidos muestran que en ellos no hay una derivación deductiva de las sentencias desde el texto de la norma, pero la lógica derrotable no proporciona los motivos para elegir un el criterio u otro. Un ensayo de aplicación de lógica derrotable a la interpretación de normas jurídicas elaborado por Giovanni Rotolo, Guido Governatori y Giovanni Rotolo sigue esa línea[158]: los esquemas y operadores de preferencia para primar una interpretación sobre otra son exposicio-

---

156. Cfr. Bench-Capon / Mogdil, (2017), pp. 50-54.
157. Cfr. Atkinson / Bench-Capon, States, Goals, p. 108. Reparemos en que esta cuestión es planteada a veces como análisis de preferencias que carecen de normatividad. En la modelización propuesta por Loggia / Mattei / Rossi / Venable (2018), pp. 127 y ss. no hay juicios normativos, sino métodos computacionales para comparar preferencias en conflicto. Ese peso está establecido por programadores.
158. Vid. Rotolo / Governatori / Sartor (2015), pp. 99 y ss.

nes *a posteriori* que formalizan expresamente un razonamiento humano previo, pero no determinan el criterio interpretativo concreto elegido.

Algo similar ocurre con la propuesta de Bart Verheij de modelizar casos pasados del *common law* que puedan ser fuente de argumentos hipotéticos capaces de ganar en una decisión. Para eso, el caso se presenta como un conjunto de factores a favor y en contra de una acción que requiere justificación, y la relación con otros casos se produce gracias a la presencia de factores. De esa forma, una serie de casos sobre daños ocasionados por vehículos proporcionarían nuevas posibilidades de hipotéticas soluciones; para ello es posible jerarquizar valoraciones a partir de los casos pasados, que proporcionarán criterios de solución. Todo esto puede ser formalizado a juicio de Verheij[159]. Y en efecto puede esquematizarse el conjunto de soluciones contenida en una serie histórica de casos y esa formalización puede ser útil para que el jurista maneje con más facilidad los argumentos contenidos en el orden jurídico. Cuestión distinta es que el sistema sea capaz de pensar por sí mismo y elegir la respuesta más razonable ante el caso concreto o generar nuevas soluciones creativas. Es cierto que la tarea de jurista no siempre es creativa, sino muchas veces mera aplicadora de soluciones ya dadas; en esos supuestos, estos instrumentos lógicos son evidentemente útiles como muestrario de soluciones posibles, aunque dependan de valoraciones y decisiones previas al sistema lógico, aunque sea derrotable.

Otra vía para la formalización destinada a la IA es impulsada por uno de los autores más tenaces en ese afán, Douglas Walton, que (con colaboradores variados) se propuso expresamente «formalizar la lógica informal», mediante su procedimiento de esquemas argumentativos.

Como punto de partida, Walton y Thomas Gordon exponen las diversas acepciones que ellos encuentran en la palabra formal, que giran alrededor de la idea de sistema en el que existen inferencias seguras desde axiomas, conectada con el proceder en la lógica llamada formal; pero también mencionan la noción de formal en el sentido de un procedimiento propio de los tribunales, lo que a su vez uniría lo formal con lo procedimental frente a lo material como lo dotado de un contenido. Para estos autores, la idea de lo formal está unida a la existencia de razonamientos que aseguran una derivación precisa del conocimiento, con independencia del contenido[160].

Lo que Walton entiende por lógica informal es lo que otros consideran argumentación como alternativa a la lógica deductiva. En efecto, en el campo de la argumentación Walton incluye aspectos tan variados como la

---

159. Cfr. Verheij, Formalizing value-guided, pp. 391, 401 y ss.
160. Cfr. Walton / Gordon (2015), p. 510.

vida real, el auditorio, la elaboración de argumentos, la *inventio*, la retórica, la aceptación de las premisas, la determinación de su relevancia e insuficiencia. Como vemos, todo lo que, hasta ahora la lógica, entendida al modo deductivo, ha excluido de su competencia, comprende lo que Walton califica de informal; coincide con la lógica material de juristas como Recaséns o Esser, a los que Walton no cita, porque, como ya he dicho, las menciones a la teoría jurídica son muy escasas en estas líneas investigadoras vinculadas a la lógica. Ya indiqué que para la concepción escolástica de estirpe aristotélica la lógica era entendida en sentido muy amplio, como el instrumento adecuado para derivar respuestas nuevas desde lo ya conocido, y eso incluía el campo de lo práctico. La diferencia que caracteriza la propuesta de autores como Walton frente a otros juristas «informalistas» es la posibilidad de emplear en ese ámbito informal sistemas de computación que sirvan para hallar argumentos y emplearlos de forma justificada. Más que de formalizar lo informal, quizá sería mejor decir que Walton se preocupa por formalizar lo no deductivo.

Es interesante que el campo de actuación de esa formalización informal concebida por estos autores está compuesto por la tópica, a la retórica, a Aristóteles, a Cicerón, al *ars inveniendi*, a la aceptabilidad de premisas, a la contraposición de argumentos a favor y en contra, a los argumentos que se emplean en la vida real; precisamente es todo aquello que los críticos de la lógica consideran decisivo en los asuntos jurídicos y no susceptible de formalización según las exigencias de los teóricos de la lógica. Precisamente esa es la clave de la aportación de Walton: ocuparse formalizar la invención de argumentos. Él distingue entre la minería de argumentos y su hallazgo. Esta minería es una vertiente de la minería de datos, una actividad propia de la IA que tiene una historia de resultados provechosos; en el ámbito de la argumentación la minería sirve para encontrar argumentos, pero no los ordena, ni les otorga peso ni jerarquía. La *inventio*, en cambio, sí sería capaz de descubrir y presentar los argumentos relevantes en un asunto. Sin embargo, estas propuestas formalizadoras no atienden a la selección de problemas ni a su configuración. Walton y Gordon explican que una de las características de su lógica informal es la aceptabilidad de las premisas como justificación. Expresamente escriben que argumentar es una «actividad de habla social y compleja» que implica varias partes: no se puede argumentar sin pensar en interlocutores y auditorios[161]. Ya he señalado antes que Bench-Capon y sus colaboradores habían mencionado la importancia del auditorio (en el sentido de Perelman), pero sin hacer más precisiones. Tampoco ahora las proporcionan Walton y Gordon. La cuestión

---

161. Cfr. Walton / Gordon, (2015), pp. 509-510.

central es descubrir qué valores posee el auditorio y queda sin contestar, porque no afecta a la forma del razonamiento.

Las aplicaciones, en las que estos investigadores han desarrollado y analizado sistemas variados de IA lógica para intentar traducir en términos computacionales el razonamiento del jurista, abierto y flexible, se desenvuelven con diverso nivel de éxito. Henry Prakken explica que sistemas como HYPO y CATO modelizan la forma en que los juristas usan decisiones pasadas cuando argumentan sobre un caso. Sin embargo, estos sistemas no computan un resultado como ganador de la disputa: lo que hacen es generar debates ofreciendo un abanico de argumentos. Para estos sistemas, un caso es un conjunto de factores a favor y en contra de una solución; esos factores contienen gradaciones y multivalencias, y emplean lógica no monotónica para comparar argumentos alternativos. También se emplean esos medios para la prueba de hechos[162].

Otro sistema, ANGELIC, usa marcos de argumentación dialéctica abstracta, con nodos que contienen afirmaciones y están interconectados por enlaces dotados de condiciones de aceptación, es decir, tanto argumentos como ataques de esos argumentos (al estilo establecido por Dung); esas condiciones poseen valores numéricos para cuantificar el peso de argumentos y contraargumentos. Similar es el funcionamiento de ASPIC+, aunque con diferente estructura en la contraposición de argumentos conflictivos[163]. ASPIC+ también utiliza la argumentación abstracta de Dung y sirve para cualquier tipo de premisas, y por tanto para inferencias tanto deductivas como derrotables[164].

Otro sistema parecido es CARNEADES, un *software* diseñado como modelo formal de argumentación estructurada para conseguir argumentos probatorios y estandarizados utilizables en diversos campos; utiliza lógica derrotable y argumentación abstracta modelizada por Dung. Sobre el uso de CARNEADES en el Derecho, Thomas Gordon explica que se compone de una ontología compuesta de una base de datos estructurada mediante esquemas argumentativos ofrecidos por Walton. La base está formada por proposiciones lógicas que funcionan como presupuestos. A veces desempeñan el papel de axiomas que son verdaderos sin fisuras y desde los que derivan inferencias deductivas que gozan de la misma certidumbre. Sin embargo, señala Gordon, al emplear este sistema en el Derecho hemos de tener en cuenta que las inferencias no tienen ese carácter, sino que son

---

162. Cfr. Prakken (2015), p. 5.
163. Cfr. Atkinson / Bench-Capon, «Relating the ANGELIC Methodology and ASPIC+», per totum.
164. Cfr. Prakken, Argument, p. 7.

derrotables. Este *software* ofrece un proceso de modelización para interpretar y para probar hechos, y construye una teoría que lleva a una conclusión jurídica. En consecuencia, CARNEADES parece ofrecer un modelo de argumentación útil para normas derrotables, que serían propias del Derecho, un modelo que mostraría la existencia de sistemas formales de argumentación diferentes del cálculo de la lógica clásica deductiva, aunque siga moviéndose dentro del campo de lo computacional, al formalizar las condiciones bajo las que un argumento es apoyado o derrotado en un caso dado[165]. Gordon y Walton ofrecen varios ejemplos prácticos del uso de CARNEADES. Uno de ellos es el de la discusión acerca de los problemas que plantea el *software* libre para el Derecho de propiedad intelectual de los EE.UU. En ese empleo de CARNEADES lo que encontramos es la esquematización de contraposiciones de opiniones previas de juristas.

No obstante, Walton y Gordon se esfuerzan por mostrar que CARNEADES tiene capacidad para desarrollar nuevos argumentos. Frente a los sistemas dedicados a la minería de argumentos, que, como ya indiqué, sólo sirven para ofrecer un listado de argumentos rastreado a partir de la base de datos desde la que se desarrolla el sistema, CARNEADES presuntamente sería capaz de ofrecer argumentos nuevos, gracias el empleo de esquemas argumentativos. Podría desarrollar esos nuevos argumentos a partir de las premisas contenidas en la base de conocimiento. Se supone que a partir de tales premisas el sistema selecciona argumentos que puedan satisfacerlas. Incluso, según estos autores, CARNEADES es capaz de evaluar los argumentos calculando si una solución fuera aceptada, en función de las premisas aceptadas y del esquema de argumentos que forman. Para conseguirlo, también incluye una ordenación de prioridad de valores. Ellos emplean las nociones de «aceptable» para un auditorio y de «peso» para establecer su posición. El sistema cartografía argumentos según su rango, asignando una cantidad concreta a cada argumento, cantidad que representa el peso dado por el auditorio a los argumentos. La fuerza del argumento determina qué demanda es aceptable. Esa fuerza depende de las afirmaciones aceptadas por un auditorio[166]. Como vemos, la clave de este sistema diseñado por Gordon y Walton está en el hallazgo de las premisas y su aceptación, tarea atribuida a la tópica y la retórica[167]. Ahora bien, ocurre que la conformación del auditorio está presupuesta por los autores de CARNEADES, no es algo que el sistema genere por sí mismo; quiero decir que los valores y criterios para aceptar un argumento son introducidos por los autores del sistema, son previos a la propia IA. Por otra parte, tampoco

---

165. Cfr. Gordon, (2011). Walton / Gordon (Formalizing), pp. 510-511.
166. Cfr. Walton / Gordon, (2017), pp. 189 y ss.
167. Cfr. Walton / Gordon, Formalizing, p. 522.

dan muchas explicaciones sobre su formación. Cuando Gordon y Walton se remiten a la dialéctica, la ponderación y a las jerarquías remiten al auditorio, que introducen los programadores; tanto su existencia como la justificación de los valores que los sustentan quedan inexplicados, como siempre ocurre con la lógica, aunque sea derrotable o difusa[168].

Algo parecido puede decirse de otro sistema, AGATHA, que genera esquemas con diferentes posibilidades argumentativas ante determinados casos (los denominados árboles de argumentación), con argumentos que siempre proceden de juristas. La finalidad es construir explicaciones (teorías en la terminología de estas lógicas) que permitan establecer un conjunto de argumentos con peso diverso relacionado con el caso de base de manera que sea posible desarrollar respuestas desde esos casos de forma automatizada, aunque, según Trevor Bench-Capon y Alison Chorley, que defienden esta propuesta, esa automatización era sólo una promesa cuando se escribió el primer artículo exponiendo de sistema. Promesa acaso de difícil cumplimiento. AGATHA es algo parecido a un repertorio de argumentos adscritos a casos tomados del *common law* (de nuevo Pierpoint vs. Post) que puedan ser útiles para justificar decisiones; en la terminología propia de la IA se trata de «teorías» para diseñar un diálogo entre demandante y demandado. Ocurre también aquí que la selección de esos aspectos relevantes de los casos y su distinto peso (otorgado por los autores del esquema que valorar cuestiones como la simplicidad, el poder explicativo o la profundidad) dependen de la decisión del jurista humano. Los autores reconocen la necesidad de una heurística previa para seleccionar los pasos de un argumento a otro, es decir, el peso que tiene el argumento para ser empleado [169].

Propuestas académicas más recientes siguen en esa línea: detallados esquemas de argumentaciones y contraargumentaciones, pero ofrecen respuestas concretas. Así, por ejemplo, Stepe Pandzic diseña un sistema de lógica justificativa basada en argumentación derrotable, pero el sistema se abstrae del contenido de los argumentos. A pesar de eso, el autor pretende determinar las condiciones de aceptabilidad mediante las razones derrotables y fórmulas computacionales que ofrecen diferentes esquemas para construir argumentos, aunque sin ocuparse del contenido de los argumentos[170].

Desde luego, es innegable que sistemas como estos tienen una utilidad clara. Reconstruyen y modelizan argumentaciones ya realizadas por juris-

---

168.   Cfr. Walton / Gordon, Formalizing, pp. 522, 529, 531.
169.   Cfr. Bench-Capon / Chorley (2005) per totum, (2006), pp. 41 y ss.
170.   Vid. Pandzic (2022) pp. 5 y ss., 16.

tas, y ofrecen al jurista repertorios de argumentos y posibles vías argumentales que pueden emplear en su trabajo, en la medida en que el sistema analice cuestiones polémicas. Lo que estos programas pueden aportar es un conjunto de esquemas de argumentos que sirvan de apoyo al jurista. Son herramientas heurísticas que pueden ser útiles para casos repetidos, para formalizar asuntos ya resueltos cuyos argumentos sean aplicables a casos repetidos, pero no tienen capacidad para resolver problemas nuevos o especialmente complejos de forma creativa. Es necesario ser conscientes, además, de que el peso y la calidad de los argumentos es introducida por programadores humanos; al final la selección del argumento adecuado también depende de la elección del jurista[171].

En realidad, los investigadores de este campo reconocen expresamente que no pretenden ofrecer contenidos para el razonamiento. Henry Prakken y Giovanni Sartor, por ejemplo, admiten que su elaboración de una lógica derrotable que proporcione argumentos no tiene como finalidad definir estándares concretos de justicia ni estrategias específicas: su idea directiva es que la justicia y la racionalidad tienen un lado procedimental y de ahí que su pretensión sea definir de forma general protocolos dialécticos y averiguar lo que produce protocolos efectivos; al estructurar los argumentos, reconocen que las prioridades para discernir la importancia tales argumentos están dadas y son indisputables[172]. Y en esa misma línea, Bart Verheij explica que al estudiar la formalización de diseños éticos para la IA se va a abstraer de la realidad[173].

El escollo que encuentra la vía lógica en la IA jurídica es justamente la limitación que la lógica misma posee al tratar las cuestiones prácticas (en este caso las jurídicas). Su posición es parecida a la de la gramática en el lenguaje. Sin respetar determinadas reglas gramaticales no es posible una comunicación correcta dentro de una lengua, pero el mero conocimiento de la gramática no nos permite elaborar ni transmitir comunicación inteligente. La sintaxis ofrece una estructura formalizada del discurrir de la inteligencia

---

171. Vid. Walton / Gordon (2012), per totum. El artículo expone la modelización de un caso jurídico de los EE.UU. del mundo del baseball. Vid, también Ceci (2012), per totum, que parte de una ontología de 27 decisiones judiciales, introducidas y procesadas manualmente, que sirven para desplegar grafos argumentativos con diversas opciones. Es interesante que Ceci aclare que el machine learning y la recuperación de información puramente automatizada no aseguren precisión y que la elaboración de la ontología de base requiere la presencia humana.

172. Cfr. Prakken / Sartor, (1996), pp. 4-5. Manuel Atienza ya había dividido las investigaciones propias de la teoría de la argumentación en formales, materiales. Las primeras consideraban las estructuras de los argumentos, sin entrar en los contenidos de las premisas y razones empleadas. Vid. Atienza (Tratado argumentación).

173. Cfr. Verheij (2016), p. 389.

humana en procesos comunicativos, pero no proporciona contenidos; no por eso deja de ser imprescindible, pero es insuficiente. Lo mismo ocurre con la lógica cuando la aplicamos al Derecho. El jurista realiza inferencias desde proposiciones normativas, y esas inferencias responden a ciertas reglas formalizadas, algo que la lógica enseña como modelización del pensamiento humano; pero esa lógica no enseña cuáles son los contenidos concretos de las premisas desde las que realizar las inferencias. Y cuando pretendemos formalizar esos procesos de hallazgo de los contenidos, que determinan el significado correcto de la norma, tal y como pretende la «formalización de lo informal» es capaz de ofrecer esquema abstracto (al fin y al cabo, esa es la pretensión de Dung y demás representantes de lógicas alternativas) que es una estructuración *a posteriori* de caminos que la inteligencia ya ha recorrido antes de que la formalización se explicite; a estos programas les falta la capacidad inventiva, la *inventio* tópica[174]. Las actuales técnicas de computación no son capaces de hacerlo, porque carecen de la capacidad creativa y decisoria precisa para determinar en un contexto concreto cuál es la solución adecuada para un problema jurídico. Y es que, entre otras cosas, la decisión implica una voluntad y la facultad computacional carece de voluntad. En consecuencia, podemos decir que los algoritmos carecen de una capacidad clave para tomar decisiones jurídicas.

Es justo reconocer que los expertos en lógica e IA declaran abiertamente que no pretenden crear máquinas decisoras. En ese sentido, Bart Verheij y Van Eemeren afirman, al tratar de los softwares de argumentación, que no quieren construir un artefacto de IA fuerte, sino apoyar la actividad argumentativa humana[175]. Y en esa misma línea, Gordon y Walton escriben que CARNEADES «no es una lógica informal automatizada que pueda ser aplicada mecánicamente para evaluar un argumento sin descansar en la intuición de un usuario humano, o sin el uso de marcadores lingüísticos tales como palabras que actúen como indicadores de argumentos». Y añaden que ese sistema no ha logrado formalizar la relevancia de las premisas, aunque piensen que esa es situación actual, que puede evolucionar hacia el éxito,

---

174. Los intentos de aplicar teorías de la argumentación formalizadas chocan con el problema de medir la calidad del argumento, una tarea siempre previa a la formalización. Una muestra de esta dificultad al parecer insalvable en Secades (2017), per totum. El autor emplea modelos teóricos (así los clasifica) para argumentar denominados Pragma-dialéctica y Modelo de argumentación lingüístico-normativo, relacionados con la lógica derrotable. Sin embargo, tales modelos funcionan con premisas dadas que no pueden explicarse desde el mismo modelo. El autor expone la necesidad de un «fundamento común» para construir la argumentación que no puede ser cuestionado por la propia Pragma-dialéctica. Secades cita al comienzo de su exposición a Stephen Toulmin y a Chaïm Perelman, pero eso no sirve para resolver el problema de la formalización.

175. Cfr. Van Eemeren / Verheij (2017), p. 2141.

ya que CARNEADES puede ser un sistema excelente para conseguirlo en el futuro[176]. Lo cierto es que, a pesar de los progresos, no se han modelizado las características de la lógica informal[177]. Por eso, Trevor Bench-Capon y John Henderson reconocen, al exponer uno de sus modelos de case-law que supuestamente estructura argumentaciones dialógicas, la necesidad de «las cabezas de los abogados», porque lo que proponen no es sino un sistema de apoyo que requiere una comprensión de cuestiones como la analogía o la interpretación extensiva que sólo está en la cabeza de los juristas[178].

Estas aclaraciones de los principales investigadores de lógica aplicada a la IA práctico-jurídica nos sitúan ante sus alcances y limitaciones: ellos parecen tener claro que se trata de instrumentos de apoyo para la decisión del jurista humano. Decisión humana que también es imprescindible en el momento inicial: una de las vertientes de la IA jurídica es el diseño de «ontologías jurídicas», en las que aparecen patrones y criterios utilizados por los algoritmos, que dependen a su vez de conceptos, definiciones, datos e interrelaciones entre todas esas realidades; una tarea difícil si se pretende reflejar la complejidad inherente a bastantes razonamientos jurídicos[179].

Desde el punto de vista de la investigación teórico-jurídica, esa función de apoyo a la decisión humana también es relevante; por ese motivo Pompeu Casanovas se muestra optimista ante estas aportaciones a las que considera capaces de mejorar el razonamiento humano[180].

Kevin Ashley, que ha estudiado estos sistemas, explica que los elaborados por autores como Bench-Capon, Sartor, etc. son teóricos y que programas como AGATHA funcionan, porque juristas humanos identifican las características jurídicamente relevantes y ese descubrimiento no ha sido automatizado (o al menos no se ha publicado en el caso de que haya descubierto, escribe Ashley). Añade que, en general, los modelos computacionales no han sido evaluados empíricamente y además el Derecho muchas veces maneja conceptos que son difícilmente modelizables computacionalmente. Es verdad, reconoce Ashley, que estos modelos han evolucionado desde los años 90 del siglo XX ya que sus autores han intentado que estuviesen basados en valores (como en los trabajos de Bench-Capon), pero Ashley duda de que este tipo de modelos respondan a la práctica de los

---

176. Cfr. Gordon / Walton, Formalizing, pp. 526-527.
177. Ibidem.
178. Cfr. Bench-Capon / Henderson (Modelling case law), p. 9. Precisamente las limitaciones de la IA en general para formalizar el descubrimiento de premisas lo señalan Arkoudas y Bringsjord (2014), pp. 38 y ss. a causa de la necesidad de razonamientos holísticos y contextualizados.
179. Vid. por ejemplo, lo expuesto por Gangemi (2007), passim.
180. Cfr. Casanovas (2010). P. 204.

jueces, que aplican los valores a las circunstancias concretas del caso[181]. No es sorprendente que Bench-Capon y Atkinson reconozcan las dificultades para el razonamiento en la IA simbólica (la lógica) a causa de la complejidad de la realidad jurídica. Esta requiere ontologías jurídicas demasiado extensas y casuistas. Y se resignan a reconocer que hay facetas del razonamiento jurídico que no son adecuadas para las técnicas de computación y que es posible que siga siendo así[182].

Quizá uno de los problemas de esa pretendida formalización del razonamiento práctico esté en la noción misma de derrotabilidad lógica, no exenta de polémica. Recordemos que la alegada imposibilidad de la deducción en el hallazgo de soluciones jurídicas concretas puede manifestarse de diferentes maneras. Henry Prakken explica que en la razón deductiva la inferencia proporciona necesariamente una solución correcta que sólo puede ser atacada, atacando la veracidad de la premisa. En la razón derrotable, sin embargo, la argumentación está compuesta de premisas válidas pero la inferencia es discutible; en cambio, la que denomina «razón plausible» que trata con inferencias deductivas, pero con premisas dudosas[183]. Sin embargo, como advierte Juan Carlos Bayón, hay algo un tanto superfluo en el carácter de derrotabilidad, porque el núcleo del razonamiento derrotable o no monotónico es la idea de que, aun considerando verdaderas las premisas originales, su relevancia está socavada por la aparición de información nueva que desplaza la conclusión anterior; por tanto, la inferencia no podría ser deductiva, ya que depende de la presencia o no de razones de más o menos peso. Frente a estas consideraciones, Bayón señala que la supuesta lógica derrotable no es sino un razonamiento con información incompleta: no es cuestión de inferencias no deductivas, sino de conformación de premisas: según el significado que demos a la premisa, inferiremos una conclusión u otra; depende todo de la premisa, pero no podemos estar totalmente seguros del significado de ésta. Por ese motivo, la justificación jurídica es derrotable en la medida en que la premisa mayor (la norma jurídica aplicable) es falible y revisable; esta realidad es compatible con afirmar que la justificación jurídica es subsuntiva, es decir es una inferencia deductiva clásica, una vez que hemos aclarado la premisa[184]. Las críticas a la lógica

---

181. Cfr. Ashley (2017), pp. 100 y ss., 125 y ss., 145. Según G. Palau, la IA pretende representar inferencias mediante lógica clásica y mecanismos de control pragmáticos, pero (señala), sería preciso incluir una «guía práctica» para saber cómo elegir esos supuestos e inferencias prágmáticas. Cfr. Palau (2006), p. 24. Es decir, la estructura de esas inferencias que supuestamente facilitarían un razonamiento de sentido común en la IA dependerá de decisiones de programadores acerca de lo que es relevante.
182. Cfr. Bench-Capon / Atkinson (2019), in fine.
183. Cfr. Prakken, Argument, p. 9.
184. Cfr. Bayón (2001), pp. 46 y ss., 59.

jurídica que reseñé más arriba, como las expuestas por la Hermenéutica jurídica, coinciden en esa apreciación, aunque no se refieran a la derrotabilidad, un concepto de acuñación lógica que esos juristas no conocían entonces; piensan que el razonamiento jurídico es deductivo en última instancia, pero esa deducción final requiere de una construcción previa de las premisas que ya no pertenece al campo de la lógica. Este asunto se complica más, porque ni siquiera la lógica derrotable es capaz de proporcionar el contenido correcto de las premisas. En esa línea, Ángeles Ródenas explica que la indeterminación propia del Derecho tiene diversas causas lingüísticas: ambigüedad y vaguedad; de esas características, sostiene Ródenas, proviene la derrotabilidad. Al ser la norma una razón para la acción con una justificación subyacente, cabe la posibilidad que en esas zonas ambiguas y vagas se ponga en cuestión si un caso concreto está bajo el ámbito de aplicación de la norma, en la medida en que algún principio del ordenamiento haga plausible la exclusión[185]. Resulta claro que la derrotabilidad, tal y como la expone esta autora, es algo propio de la premisa y es difícilmente asimilable a la lógica; esta entrará en el juego cuando el contenido de la norma esté precisado por razones extralógicas basadas en la justificación subyacente.

Como señala Tecla Mazzarese, la «borrosidad» consiste precisamente en que no es posible determinar con precisión los contornos de las normas; se trata, por tanto, de una lógica que no es capaz de cumplir las promesas tradicionales de la lógica y de ahí que sea de escasa utilidad en el Derecho, si queremos tener seguridad en la determinación de las premisas[186]. La lógica borrosa aplicada al Derecho y a los sistemas de IA jurídica también es objeto de similares críticas por la escasa aportación que hace a solucionar los problemas reales.

En resumen, y a partir de lo expuesto en las páginas anteriores, el profuso empleo de lógicas alternativas a la estándar-deductiva para diseñar IA jurídica durante las últimas décadas, no ha conseguido una formalización adecuada de los procesos decisorios que producen soluciones jurídicas[187]. Como he señalado ya, la lógica no tiene en cuenta los contenidos, sino las inferencias desde premisas; una lógica que pretenda formalizar una argumentación que no derive inmediatamente de la premisa no llega muy lejos, porque explicar cómo un argumento derrota a otro es imposible sin atender al contenido de la premisa, al contexto en que la aplicación de ésta se mueve

---

185. Cfr. Ródenas (2001), pp. 66 y ss.
186. Cfr. Mazzarese (1996), per totum.
187. Las limitaciones de la lógica para los campos propios de la acción humana aparecen en la entrada que la Enciclopedia Filosófica de la Universidad de Stanford a la Lógica y la IA.

y a las consecuencias de esa aplicación; aspectos todos ellos que los esquemas lógico-formales diseñados para la AI son incapaces de tener en cuenta, a menos que el jurista los almacene en un repertorio que sirva para extraer información jurídica y apoyos para la resolución de un caso que sea similar.

El éxito de la lógica formalizada en la determinación no deductiva del Derecho requeriría que la ley estuviera redactada en un lenguaje adaptado al empleo de la lógica. Lo cierto es que hay intentos de redacción normativa que resulten compatibles con el empleo de nuevas tecnologías como la IA. Requisito para esa adaptabilidad, sería que el lenguaje normativo estuviera liberado de ambigüedades y polisemias, que pueblan el lenguaje ordinario. El gobierno de Nueva Zelanda, por ejemplo, elaboró un estudio sobre las características que deben tener las normas para ser manejadas por las máquinas («machine consumable» reza literalmente ese estudio), pero reconocía también limitaciones, porque sus autores eran conscientes de que no todas las normas pueden ser adaptadas a la redacción formalizada requerida por el empleo de la IA[188]. Este problema, el de la redacción de las normas, tiene una hondura que va más allá de los problemas que plantea la IA jurídica. Ante todo, el respeto al principio de seguridad jurídica, basado en el conocimiento por parte del ciudadano del contenido de las normas jurídicas que regulan sus acciones, exige claridad en la redacción de las normas. Pero esa exigencia no puede cumplirse hasta el grado de conseguir un lenguaje normativo completamente formalizado.

En consecuencia, parece que hay problemas por ahora insolubles para formalizar ciencias no matemáticas y ni siquiera las lógicas alternativas pueden garantizar una eficacia completa de la IA. Al respecto, conviene recordar la advertencia de Gregorio Robles sobre la pretensión última de la IA jurídica: esta aparece como el intento de traducir el lenguaje jurídico a un modelo en el que la solución se derivaría necesariamente desde las normas; pero Robles estima que no es posible: una IA, en caso de existir, tendría que decidir, al igual que hacen los humanos; dicho de otra forma, no es factible la formalización completa del lenguaje jurídico[189].

Esa línea de pensamiento la expresaba Arthur Kaufmann (aunque no tuviera en mente la IA) cuando escribió que algunos problemas interpretativos se superarían con un lenguaje completamente unívoco, pero eso sólo sería posible mediante una abstracción extrema, lo que implicaría a su vez el alejamiento de la realidad. Y por eso la univocidad lleva a una contradicción, la existente entre el cálculo y el auténtico lenguaje: el primero

---

188.   Vid. Better Rules for Government Discovery Report, disponible en https://www.digital.govt.nz, consultada el 25/05/2020.
189.   Cfr. Robles (2022), p. 87.

excluye al segundo[190]. Lo que Kaufmann quiere apuntar es que el lenguaje como forma de comunicación se mueve en el plano de las interacciones humanas que no son reductibles a los modelos calculables. Las polisemias son inevitables, porque un texto (incluyendo el normativo) es incapaz de recoger todas sus variaciones aplicativas, tal y como ya vio Aristóteles. Ganar en precisión unívoca supone perder la riqueza de lo real. Por supuesto, la precisión en la norma a la hora de regular ciertos aspectos es algo tan exigible como posible, especialmente si hablamos de plazos, tipos impositivos, requisitos para la concesión de ayudas públicas, etc. Pero en otros sectores del Derecho, esa precisión, aunque sea deseable, no es posible y los intentos por ponerla en práctica en ellos pueden conducir al alejamiento de lo real del que hablaba Kaufmann.

La búsqueda de precisión en la determinación del contenido de la norma también es requerida en la prueba de los hechos. Al respecto, los juristas han llamado en su ayuda a distintos métodos lógicos, como la inducción, la deducción y la abducción; esta última desempeña un papel destacado, ya que permite elaborar inferencias válidas no deductivas mediante la elaboración de hipótesis explicativas partiendo de información incompleta. La abducción es la primera parte del proceso lógico empleado para reconstruir los hechos, es un discurso de descubrimiento de hipótesis tras el que la deducción o la inducción derivarán consecuencias[191]. Este acercamiento al empleo de la lógica en los procedimientos probatorios adopta un concepto amplio de lógica. Y a causa de esa amplitud, los razonamientos abductivos, incluso cuando tratan de cuestiones fácticas, implican hipótesis y presupuestos difícilmente computables, salvo que se trate de formalizaciones *a posteriori*[192].

A partir de lo expuesto hasta ahora, parece que las limitaciones de la formalización lógica para derivar respuestas desde textos potencialmente ambiguos para asuntos humanos muchas veces complejos, hacen perentorio que la investigación de IA jurídica busque otras vías[193].

---

190. Cfr. Kaufmann (1984), p. 49.
191. Cfr. Gascón (2014), pp. 124 y ss.
192. Es lo que ocurre por ejemplo en Prakken / Bex / Renooij / Wieten (2022), pp. 49 y ss., cuando explican formalizaciones para el razonamiento a partir de evidencias.
193. Cuestión distinta es que usemos la palabra lógica en un sentido tan amplio que ya no tenga relación con esa disciplina. Eso ocurre con el 13.2.f del RGPD, que obliga al responsable del tratamiento de datos la obligación de informar al interesado de «la existencia de decisiones automatizadas, incluida la elaboración de perfiles, a que se refiere el artículo 22, apartados 1 y 4, y, al menos en tales casos, información significativa sobre la lógica aplicada, así como la importancia y las consecuencias previstas de dicho tratamiento para el interesado». La Agencia Española de Protección de Datos

3.3. LA IA BASADA EN DATOS

Algunas de las dificultades de una IA basada exclusivamente en la lógica parecen solventarse en la otra alternativa a la que aludía Karl Branting, la IA centrada en el análisis de datos. Los mismos investigadores dedicados a explorar la lógica argumentativa, como Bart Verheij reconocen la existencia de otras posibilidades: no sólo está disponible la lógica que busca formalizar el sentido común (propugnada por John McCarthy, entre otros), sino también la estadística utilizada en los sistemas expertos o los algoritmos de aprendizaje automático, entre otros instrumentos[194].

Esta vertiente ofrece un campo fructífero al conectarse con el análisis de datos masivos. Tal vez esta técnica pueda resolver el problema ya planteado por Aristóteles (y muchos otros después) y al que hice referencia más arriba. Me refiero a la dificultad que la variedad circunstanciada de los asuntos humanos supone para la toma de decisiones sobre el curso correcto de la acción humana; la multiplicidad de circunstancias provoca la incapacidad para proporcionar certeza absoluta en esas materias. ¿Podría la IA superar esa insuficiencia, al captar todas las peculiaridades de los casos gracias al análisis de big data? Este problema, el de la decisión en situaciones de vaguedad e incertidumbre en las que es muy difícil prever las consecuencias de una decisión ha suscitado un interés considerable desde hace décadas en campos diversos, como la economía, la política y el Derecho, que está estrechamente unido a ella. Es preciso diferenciar al respecto entre la situa-

---

aclara qué abarca esa lógica: El detalle de los datos empleados para la toma de decisión, más allá de la categoría, y en particular información sobre los plazos de uso de los datos (su antigüedad); la importancia relativa que cada uno de ellos tiene en la toma de decisión; la calidad de los datos de entrenamiento y el tipo de patrones utilizados; los perfilados realizados y sus implicaciones; valores de precisión o error según la métrica adecuada para medir la bondad de la inferencia; la existencia o no de supervisión humana cualificada; la referencia a auditorías, especialmente sobre las posibles desviaciones de los resultados de las inferencias, así como la certificación o certificaciones realizadas sobre el sistema de IA; en el caso de sistemas adaptativos o evolutivos, la última auditoría realizada; en el caso de que el sistema IA contenga información de terceros identificables, la prohibición de tratar esa información sin legitimación y de las consecuencias de realizarlo. Cfr. AEPD (2020), p. 24. Como vemos, un elenco un tanto variopinto.

194. Cfr. Verheij (2020), p. 190. En el ámbito económico, por ejemplo, el empleo de lógica y matemática difusas sirven para tratar con el azar y la imprecisión al estudiar hechos y comportamientos. Vid. el estudio de Kaufmann / Gil Aluja (1987), per totum. Este tipo de investigaciones emplean métodos lógicos y análisis estadísticos para mostrar un conocimiento más adecuado de la incertidumbre. Pero debemos recordar que su objetivo es ofrecer un mejor conocimiento de lo impreciso para tomar decisiones correctas, decisiones a cargo de humanos. El problema del jurista es que debe hallar directrices concretas desde premisas normativas. No es una cuestión meramente fáctica.

ción de incertidumbre y la de vaguedad en la vida jurídica. En el primer caso, conocemos el contenido de la norma con bastante precisión, pero no podemos prever con la misma precisión cuáles serán los efectos de la decisión; en el segundo caso, no es posible conocer con precisión el significado de la norma y, por tanto, el campo de casos que pueden incluirse bajo la norma. Evidentemente, las situaciones de ambigüedad de las reglas y de incertidumbre en caso de aplicación no son propias sólo de la decisión jurídica, pero en el Derecho suelen desempeñar un papel destacado. Si un programa fuera capaz de analizar todos los posibles significados y las múltiples aplicaciones, tales problemas podrían solventarse.

Lo cierto es que el desarrollo del análisis de big data y la capacidad informática para procesarlos han influido en la IA y abierto diversos frentes. Como señala Karl Branting, estas técnicas podrían dejar de lado algunas de las dificultades que aquejan a la IA basada en la lógica, que Branting resume en la imposibilidad de crear una formalización lógica de un texto capaz de exponer su significado y en la de colmar la tensión entre los términos generales de las normas redactadas en lenguaje ordinario y su aplicación. Los sistemas de IA basados en lógica (descritos en las páginas precedentes) son experimentales y a pequeña escala, señala Branting. Sin embargo, los sistemas basados en datos resultan más prometedores, sobre todo, gracias a desarrollos técnicos como el avance en el procesamiento de lenguaje humano y del análisis de datos en gran escala. Claro que, en esta vertiente, las capacidades de los sistemas son diferentes a los basados en lógica: el análisis de datos es más adecuado para el estudio de documentos y la investigación estadística de características de casos que para generar estructuras argumentativas, señala Branting[195].

En cualquier caso, esta técnica es la que permite el desarrollo más poderoso actualmente de la IA. Dicho de forma simplificada, la clave de su funcionamiento reside en la comparación de patrones. Es el campo del aprendizaje automático (*machine learning*) y, dentro de él, del aprendizaje profundo (*deep learning*) en los que los algoritmos buscan correlaciones y similitudes[196]. Margaret Boden ha señalado al respecto la importancia que tiene en este campo la potencia computacional de los ordenadores y un empleo de matemáticas estadísticas que ha superado a la lógica. A la hora de procesar el lenguaje natural, los ordenadores hacen búsquedas estadísticas en recopilaciones enormes de textos para encontrar patrones de palabras comunes o inesperadas a partir de probabilidades estadísticas de coin-

---

195. Cfr. Branting (2017), pp. 6 y ss., 12 y ss.
196. Vid. el informe de la Royal Society británica (2017), que expone los avances en este campo, con considerable optimismo acerca de sus ventajas y despliegues futuros y confiado en colaboraciones públicas y privadas para ese despliegue.

cidencias, desarrollando nuevas de significado probabilístico. Por tanto, no es extraño, subraya Boden, que no esté claro si estamos ante la competencia de la ciencia de la computación o de la estadística[197].

La incitación que mueve a los sistemas basados en el aprendizaje profundo está en la dificultad ya señalada para trasladar a la IA conceptos abstractos que aparecen en la cotidianidad humana y que implican una complejidad inasequible a la IA basada en reglas (o lógica simbólica, según la terminología que elijamos). Los modelos de aprendizaje automático extraen el conocimiento a partir de datos previos mediante algoritmos que aprenden a partir del funcionamiento previo. De esa forma, presuntamente, se representa el conocimiento de forma sencilla y a partir de ahí se construyen conceptos abstractos y complejos[198]. Cabe preguntar, no obstante, hasta qué punto esa construcción permite que la IA maneje conceptos jurídicos y razones como un jurista.

Lo cierto es que la automatización de lo jurídico sí parece tener éxito mediante el empleo de los algoritmos de aprendizaje automático, técnicas de procesamiento de lenguaje natural y análisis de datos masivos, como señala José Ignacio Solar. Gracias a esas herramientas, los programas de IA son capaces de llevar a cabo tareas jurídicas que ya mencioné antes: la respuesta a cuestiones jurídicas (como los programas Watson y ROSS) la *compliance* para saber si una determinada organización cumple con los requisitos jurídicos de su actividad; la cabo codificación predictiva, un concepto propio de los procesos en el *Common Law*, en el que el programa revisa la documentación del proceso para extraer la que interesa a una de las partes; la elaboración automática de documentos jurídicos, como contratos; la predicción de conducta judicial; la resolución de disputas jurídicas *on line*. Todas estas tareas son posibles, porque los programas acceden a extensas bases de datos de información jurídica y pueden cruzar y comparar parámetros para responder a las cuestiones que puedan plantearse.

Un ejemplo de eficacia en esta vía de la IA es el ensayo de predicción de decisiones del Tribunal Europeo de Derechos Humanos, ceñido a algunos artículos del Convenio y con un notable grado de precisión (75% de eficacia). Pero sus autores advierten las limitaciones: buscan analizar qué palabras tienen más impacto en una decisión y qué factores son importantes en dicha decisión. Y no pretenden ofrecer una predicción de solución a una vulneración real de derechos[199]. A pesar de tales limitaciones, es evidente

---

197. Cfr. Boden (2017), pp. 52, 67.
198. Cfr. Bosch / Casas / Lozano (2019), pp. 17-19.
199. Vid. Medvedeva (y otros) (2020), p. 238.

su funcionalidad mostrando patrones de comportamiento jurídico (judicial en este caso).

Esta automatización genera, como explica Solar, cambios de calado en la profesión jurídica, porque actividades que hasta ahora eran monopolio de abogados pasan a estar desempeñadas por máquinas, o por lo menos a ser resueltas con la participación y diseño de profesionales (como los ingenieros) ajenos a los juristas que tradicionalmente se encargaban de esas cuestiones. Esa participación está provocando controversias graves sobre competencias profesionales y problemas deontológicos[200].

En todo caso es innegable el papel creciente que tienen estos sistemas en la realidad jurídica. Conviene recordar, no obstante, que estos sistemas obtienen resultados, no deben ser entendidos como conclusiones o decisiones, porque la máquina no piensa, ni entiende lo que implican los factores y patrones que entrecruza para detectar similitudes, programadas o no. A pesar de la denominación aprendizaje automático o profundo, las máquinas no aprenden de verdad como un humano: para eso es precisa la autoconciencia, la capacidad de adquirir hábitos, de interactuar mediante la corporalidad. Nada de esto está presente en la máquina[201]. Kevin Ashley aclara al respecto que en el aprendizaje automático el algoritmo identifica pautas en los datos, resume las pautas en un modelo y hace predicciones identificando las mismas pautas en nuevos datos[202]. Para revisar la documentación jurídica y extraer patrones es necesario que un experto humano indique qué es relevante[203]. Es cierto que los programas cruzan los patrones y obtienen de esas comparaciones unos resultados que no prevén en toda su extensión

---

200. Cfr. Solar (2021**), pp. 125 y ss. El programa Ross Intelligence, dedicado a responder cuestiones jurídicas es un ejemplo claro de esa capacidad de las máquinas. Ha dejado de funcionar desde enero de 2021 a causa de una demanda interpuesta por Thomson Reuters y West Publishing por usar indebidamente material contenido en el motor de búsqueda Westlaw. Los responsables de la empresa alegaron que era una muestra más de las pretensiones monopolísticas de los dueños de Westlaw. Cfr. el punto de vista de Ross en https://blog.rossintelligence.com/post/enough. (Visitada el 3-08-2022, no accesible en el momento en el que escribo, finales de 2023). El asunto está en manos de los tribunales. Cfr. Reuters.com/legal/thomson-reuters-ai-copyright-dispute-must-go-trial-judge-says-2023-09-26/ (visitada el 11-12-23). Como vemos, los problemas de la IA no surgen por las luchas de máquinas inteligentes, sino por controversias jurídicas que afectan a los derechos de las personas.

201. Cfr. Padial (2019), pp. 200 y ss. Danks (2018), pp. 158 y ss. La incapacidad para aprender se debe a la imposibilidad del lenguaje computacional para comprender el significado de los contenidos que maneja. Danks plantea que tal vez esto se deba a que la teoría de la computación no ha alcanzado un nivel de perfección suficiente, pero parece que hay un límite inherente a lo computacional para captar significados.

202. Cfr. Ashley (2017), p. 234.

203. Cfr. Ashley (2017), p. 258.

los programadores, aunque hayan establecido los criterios iniciales para la comparación. Esa relativa impredecibilidad no significa que el programa decida entre diferentes alternativas jurídicas: la decisión implica que la existencia de un sujeto consciente de esas alternativas, de su distinto valor y de los criterios que influyen en la determinación de la solución jurídica.

Por tanto, no nos encontramos ante una sustitución de decisiones humanas, porque no hay un sujeto que decida, ni pondere ni enjuicie. Tenemos un instrumento capaz de hallar soluciones jurídicas, aunque sin ser consciente de lo que eso supone. Que no sea capaz de decidir en sentido propio no significa que estas herramientas no sean útiles para el jurista (como son también las basadas en la lógica), ya que facilitan la busca de soluciones. Pero al mismo tiempo el empleo de la IA basada en datos no está exenta de riesgos. Evidentemente, el sistema de IA no puede ser injusto, porque desconoce qué es la justicia, pero su funcionamiento puede lesionar derechos de los ciudadanos.

Algunos ejemplos muestran esa doble faz de esos programas. Uno de ellos es el empleo de este tipo de sistemas para la evaluación de riesgos en el Derecho, que puede abarcar ámbitos diversos. El Derecho penal y la Criminología es uno de ellos; existen programas para predecir el riesgo de que un acusado incumpla las medidas cautelares o las posibilidades de reincidencia de un condenado, como el programa COMPAS empleado en los EE.UU. José Ignacio Solar explica que estos sistemas utilizan modelos estadísticos generados mediante la comparación automática de patrones y el análisis de cantidades masivas de datos referentes a casos antiguos; el algoritmo identifica correlaciones entre factores personales y sociales, el riesgo de la comisión de delitos según esos factores y las características de la persona en cuestión[204]. Su empleo ha generado polémicas que han llegado hasta el Tribunal Supremo de Wisconsin en el caso State vs. Loomis, en el que Loomis, condenado por diversos delitos, recurrió la sentencia alegando la lesión de su derecho a un proceso con todas las garantías a causa del empleo de COMPAS. Los motivos que fundaban el recurso eran la oscuridad del funcionamiento del programa, el que no ofreciera una valoración personalizada, ya que se basa en parámetros genéricos y la presencia de sesgos de sexo entre los criterios empleados. El Tribunal rechazó el recurso, a pesar de que reconocía aspectos de COMPAS que no eran muy acordes con el proceso debido: en efecto, el programa está diseñado por una empresa privada y su modo de funcionamiento no es público; por otra parte, COMPAS establece predicciones grupales no individuales; además, existe el riesgo de que el programa contenga sesgos

---

204. Cfr. Solar (2021), p. 129.

indebidos. No obstante, el Tribunal consideró que el juzgador había utilizado esos resultados predictivos como una herramienta más y que, por tanto, la sentencia estaba dentro del margen de apreciación que poseen los jueces[205]. Sin embargo, un programa de este tipo no sería admisible en nuestro ordenamiento[206]. El motivo sería su contravención de la doctrina constitucional sobre tutela judicial efectiva al emplear un instrumento decisorio que no fuera públicamente comprensible[207].

En el ámbito de las decisiones administrativas, Solar cita Houston Federation of Teachers vs. Houston Independent School District». En él, el tribunal decide que una agencia pública no puede tomar decisiones basada en algoritmos secretos, al ser tal comportamiento contrario al proceso debido. Si el algoritmo no puede hacerse público al estar protegido por el secreto comercial, la política en cuestión debe ser derogada[208]. Y lo mismo puede decirse de algoritmos de previsión de riesgos se emplean también por parte de la policía para establecer planes de vigilancia en función de posibles comisiones de delito. Hay programas que rastrean la probabilidad de fraude fiscal, y la Administración Pública plantea el uso de herramientas para prevenir malas prácticas o para garantizar la eficacia en la gestión de fondos de la UE[209].

Este principio es aplicable a toda decisión jurídica y enlaza con el principio de transparencia y rendición de cuentas que también debería asumir la IA jurídica, pero es difícil de cumplir a causa de la complejidad de las

---

205. Cfr. Solar (2021**), pp. 140 y ss. Martínez (2018), per totum.
206. Miró Llinares defiende el acierto de la doctrina española al rechazar la admisibilidad de un programa como COMPAS en nuestro orden jurídico, ya que los litigantes no podrían conocer el funcionamiento de la herramienta, incluso teniendo en cuenta que al fin es un juez humano el que decide. Cfr. Miró (2018), p. 120.
207. El que la decisión esté apoyada por una tecnología novedosa no puede llevar a renunciar a los requisitos que el Estado de Derecho impone a la metodología. Antoni Rubí propone los principios de neutralidad tecnológica y de equivalencia funcional para regular la IA, lo que significa que las reglas del ordenamiento jurídico no hayan de modificarse en función de la tecnología que regulen; las mismas reglas se aplicarán a los mismos problemas con independencia del uso o no de una tecnología, porque es mejor optar por soluciones no disruptivas. Cfr. Rubí (2020), p. 61. Aunque el autor se ocupe aquí del Derecho de daños, estas ideas serían aplicables a la metodología, aunque es preciso reconocer que el empleo de los algoritmos de aprendizaje profundo es difícilmente asimilable. Aplicar reglas metodológicas, públicamente defendibles, implica rechazar ese tipo de algoritmos en el Derecho.
208. Cfr. Solar (2021), p. 146.
209. Sobre el uso de este tipo de recursos por la Administración vid. Campos (2020), per totum. Un análisis del empleo de estos programas para labores policiales y de prevención de delitos en Miró (2018), pp. 98 y ss.

interacciones que conducen a los resultados algorítmicos[210]. La dificultad es tal en algunos casos que es muy difícil que un profano entienda la explicación, aunque un ingeniero se la dé. Recientes investigaciones sobre explicabilidad de sistemas de IA se desenvuelven en un plano informático demasiado técnico no sólo para el ciudadano, sino también para el jurista[211]. De ahí que, como reconoce Solar Cayón, la exigencia de transparencia sea ineficaz, porque la información sobre el diseño no asegura la inteligibilidad del algoritmo. Claro que, advierte este autor, la idea de transparencia empleada para la argumentación empleada por juristas humanos también puede resultar ilusoria, porque tal vez no describa la realidad de la toma de decisiones humanas[212].

Reparemos en que, al ser empleada de este modo, la IA sirve para tomar una decisión con relevancia jurídica por parte de un operador humano (juez, funcionario, o empleado de una empresa), pero en sí misma la IA no decide, porque (ya lo he señalado) una decisión requiere la capacidad de elegir y valorar alternativas: el programa ofrece probabilidades basadas en correlaciones. Por otra parte, estos programas están destinados a obtener predicciones fácticas y no a interpretar normas o conceptos; no pretenden sustituir el razonamiento específicamente jurídico, sino ofrecer datos más precisos para que el decisor humano construya su razonamiento con más información. Esa precisión, no obstante, a veces puede ser dudosa. La asepsia empírica, que supuestamente proporcionaría el empleo de grandes cantidades de datos y su lectura automática por parte de una máquina es a veces engañosa. Ya sabemos que los hechos en el Derecho no se presentan en bruto, sino tamizados por categorías jurídicas. Establecer una predicción sobre el incumplimiento de una regulación implica manejar los conceptos jurídicos necesarios para establecer qué se está desobedeciendo, por ejemplo. Evidentemente ese tamiz jurídico es introducido por los programadores y eso plantea el problema de los sesgos, que ya he mencionado. También es preciso recordar que la predicción es en realidad una estimación estadística a partir de los datos, se supone que ingentes, que el algoritmo maneja. Y esas estimaciones puede ser menos precisas cuando estamos hablando de seres humanos, que tienen en última instancia capacidad para

---

210. Cfr. Peguera (2020), pp. 46 y ss. Sobre las implicaciones constitucionales de la IA vid. Serrano / Fernández (2021), pp. 511 y ss.
211. Cfr. VV.AA. (2019), per totum. Cfr. también en ese sentido Desai / Kroll (2017) pp. 2 y ss.
212. Cfr. Solar (2021), p. 149.

separarse de los parámetros propios de situaciones anteriores[213]. En todo caso, es preciso reconocer que estas herramientas de medición automatizada (es lo que son en última instancia) pueden proporcionar apoyos para decisiones complejas en las que la captación humana de circunstancias fácticas sea insuficiente.

Esa utilidad puede ser estimable para la toma de decisiones productoras de normas. La IA puede proporcionar lecturas de opiniones ciudadanas, datos empíricos sobre la eficacia de normas, posibles, efectos, etc. Por supuesto, no se trata de que una máquina legisle, sino de que los legisladores humanos cuenten con datos más precisos[214]. Claro está que la decisión y los criterios valorativos políticos y argumentos que han de sustentarla son humanos.

Al lado de la elucidación de comportamientos posibles, la IA basada en datos también se dedica a ofrecer respuestas específicamente jurídicas, es decir a informar sobre posibles soluciones jurídicas para un problema. En este sector están alcanzando un desarrollo considerable plataformas de búsqueda y análisis de información jurídica. Ejemplos particularmente conocidos son Watson de IBM o el ya citado Ross. Los sistemas de este tipo formulan hipótesis de respuesta analizando bases de legislación, jurisprudencia, doctrina, informes… A partir de esos datos ofrecen la respuesta más conforme a los parámetros previos que se han introducido; sería erróneo decir que el programa ofrece la respuesta que considera más correcta, puesto que carece del sentido de corrección, como veremos más adelante[215].

Estos sistemas también son empleados por el Estado. Un ejemplo es el programa Prometea de la Fiscalía de Buenos Aires. Prometea elabora dictámenes a partir de lo resuelto en casos anteriores, bien como predicción de la solución adecuada conforme a lo decidido, bien como asistente; en este caso, busca legislación y sentencias anteriores sobre casos parecidos. Prometea también controla y advierte sobre el cumplimiento de plazos procesales. Según lo publicado por la Fiscalía de Buenos Aires, el porcentaje de aciertos de Prometea es elevado; lo que aquella entiende por acierto es la

---

213. Hay investigaciones destinadas a diseñar plataformas de ciberargumentación, que mediante IA estructuran asuntos y opiniones para ofrecer marcos de argumentación e incluso pueden predecir qué argumentos pueden ser más exitosos. Vid. Rahman y otros (2022), per totum. El sistema no mide la calidad ni el valor de los argumentos, que además son introducidos por los programadores en ensayos y pruebas, incluso con criterios ideológicos seleccionados por ellos.
214. Vid. Canals (2019), pp. 12 y ss. Sobre la ayuda que la IA puede ofrecer para racionalizar el proceso legislativo, vid. Malo (2021), per totum.
215. Cfr. Solar (2018), pp. 119 y ss.

conformidad del Fiscal con la propuesta efectuada por el programa. Porque Prometea requiere el control humano y su aplicación está limitada a ciertas materias pertenecientes al Contencioso-Administrativo y al Tributario, al Derecho a la vivienda (amparo habitacional) o a las reclamaciones de salarios de docentes[216].

Su éxito ha motivado la exportación a otros países. En Colombia PretorIA revisa los recursos de amparo presentados al Tribunal Constitucional para determinar cuáles son prioritarios según los criterios que ha adoptado previamente el Tribunal. En Brasil, Victor clasifica los recursos presentados al Tribunal Supremo.

En el ámbito administrativo, en España la Agencia Tributaria tiene el programa Hermes para analizar riesgos, emite informes y permite seleccionar contribuyentes para a gestión, inspección y recaudación. No es un caso aislado, porque el uso de la IA por parte de las Administraciones tributarios se extiende por Europa[217].

Otro campo donde estos programas están desarrollando una actividad apreciable es el de los sistemas alternativos de resolución de disputas on line. Estos sistemas resuelven actualmente una gran cantidad de casos (por ejemplo, en el comercio electrónico), pero se emplean para resolver disputas «de baja intensidad», que no sean muy complejas y, por tanto, puedan automatizarse. Mediante el aprendizaje automático, el programa identifica resultados potenciales y soluciones estadísticas que se plantean como predicciones que puedan ser aceptadas por las partes[218].

En suma, los ejemplos mencionados muestran que la IA puede aportar apoyos estimables. Llama la atención el carácter predictivo de algunos de estos sistemas, porque la predicción de lo que los jueces decidirán ha sido y es una tarea destacada de los abogados cuando asesoran a sus clientes. Que un programa pueda facilitar esa labor es algo bienvenido para esos profesionales. Pero la capacidad predictiva no resulta un atractivo sólo para la Abogacía, porque algunas corrientes de Teoría jurídica han mantenido que el Derecho no es otra cosa la predicción de las decisiones de los tribunales. Así lo afirmaba, por ejemplo, Oliver Wendell Holmes y también algunos integrantes del Realismo Jurídico Americano, corriente influida por el primero. Pero estos realistas rebajaban las expectativas predictivas con su escepticismo. Algunos abogaban por una ciencia empírica y sociológica que permitiera tales predicciones, pero al mismo tiempo reconocían

---

216.   Sobre el empleo de Prometea cfr. Corvalán (2020), pp. 41 y ss.
217.   Cfr. Soto (2021), pp. 97 y ss.
218.   Cfr. Benyekhfel / Duaso (2018), pp. 804 y ss.

que la multiplicidad de factores que influían en la decisión judicial, varios de ellos vinculados a la psicología y otros aspectos personales del juez, dificultaban la labor científica predictiva. No obstante, propusieron estudios empíricos que sirvieran para predecir las decisiones judiciales, aunque tales propuestas no encontraran mucho eco en la práctica[219]. Probablemente, estos autores darían la bienvenida a los sistemas predictivos de IA, que podrían cumplir sus expectativas, decepcionadas por el estado de la ciencia en la primera mitad del siglo XX.

Sin embargo, es significativo que, en una fase tardía de su carrera, un realista como N.K. Llewellyn, defensor otrora de empirismos y predicciones, sostuvo que la decisión judicial se basa en una experiencia entrenada y enraizada en prácticas y tradiciones profesionales, como las propias del *Common Law*; ese conjunto práctico sería difícilmente trasladable a los modelos empírico-predictivos[220]. Cito a Llewellyn, porque me parece que su cambio de actitud puede ser interesante para valorar las capacidades de la IA predictiva. Los datos proporcionados por los programas deben ser contextualizados; de ahí lo pertinente de los planteamientos de la Hermenéutica y las consideraciones parecidas de Llewellyn que remarcan la necesidad de prácticas y experiencias para comprender los datos empíricos. Ocurre que esa valoración de lo empírico no es posible por parte de una IA basada en datos, que sólo proporcionará correlaciones en función de los parámetros introducidos en la programación. Parece que esos aspectos de práctica profesional son difícilmente modelizables también para este tipo de IA.

Y como el Derecho se extiende en sectores de la vida humana diversos, en algunos funciona la regulación más mecanizada y, por tanto, los programas de la IA. El rastreo de decisiones previas y casos similares puede ser considerablemente eficaz, aunque es preciso subrayar las ventajas y limitaciones de estos procedimientos.

En primer lugar, los sistemas de IA basada en datos pueden satisfacer exigencias de seguridad y certeza jurídicas, en la medida en que al órgano decisor le consta de manera más fehaciente el curso de decisiones anteriores; exigencia de certeza que es un requisito fundamental del Estado de Dere-

---

219. Cfr. Yntema (1931) per totum. Llewellyn (1962), pp. 443 y ss. Oliphant, (1923), pp. 159-162. Sobre la poca relevancia jurídica práctica de esa orientación empirista, cfr. Herget (1990), pp. 206 y ss.

220. Cfr. Llewellyn (1962), pp. 228 y 318.

cho[221]. Ahora bien, el que la IA ayude a satisfacer esa exigencia no debe ocultar los problemas que puede generar un empleo indiscriminado de la IA basada en datos. Porque predecir no es argumentar[222]. En efecto, Juan Antonio Corvalán, el Fiscal que ha promovido el programa Prometea en Argentina, explica que este y sus derivados buscan y encuentran similitudes entre patrones (palabras, grupos de palabras) para extraer de ahí las coincidencias predictivas; pero, nos recuerda este Fiscal, eso no significa que el programa entienda nada[223]. Es algo común a estos sistemas que, como afirma Kevin D. Ashley, ayudan a los humanos a encontrar ejemplos de decisiones pasadas en casos similares con argumentos exitosos que pueden emplearse en el futuro, pero eso no implica que el sistema entienda lo que significan esos argumentos ni que capte su importancia desde el punto de vista jurídico[224].

Estos procedimientos mecánicos evidentemente, tienen poco que ver con la argumentación jurídica, que consiste en la puesta en común de razones que puedan ser aceptadas en el ámbito público. La configuración del algoritmo resulta poco compatible con tales exigencias. Solar Cayón expone los problemas que plantean las herramientas de IA en la toma de decisiones judiciales, por ejemplo. El más destacado es la falta de transparencia de los algoritmos, en primer lugar, porque muchas veces son diseñados por empresas privadas, están protegidos como secreto comercial y no se sabe cómo funcionan; pero no sólo es esa protección mercantil la que impide la comprensión, porque los algoritmos de aprendizaje profundo son muchas veces opacos en sí mismos. Identifican patrones ocultos y establecen correlaciones inesperadas entre los *inputs* y los *outputs* mediante el análisis de datos masivos; de ahí surgen reglas de decisión que se aplican a nuevos datos. Pero, subraya este autor, los algoritmos detectan correlaciones no causalidades en los datos[225]. La apreciación es importante, porque el algoritmo no capta similitudes a partir de la adecuación a fines o bienes, sólo reconocen los patrones formalizados proporcionados por el programador, y eso no es un argumento. Esta característica de la IA genera dificultades, porque en el Derecho las decisiones han de ser justificadas a partir de nor-

---

221. Francisco Laporta ha puesto de manifiesto que la necesidad de certidumbre y predecibilidad forman parte del imperio de la ley; éste explica la existencia de un orden jurídico con procedimientos de adjudicación basados predominantemente en la aplicación formalista y literal de las leyes. Cfr. Laporta (2009), pp. 58 y ss. Aunque no mencione la IA, parece claro que estas características del Estado de Derecho se verían satisfechas por sistemas de IA que aplicaran los patrones establecidos en reglas claras.
222. Cfr. Remus / Levy, p. 15.
223. Cfr. Corvalán (2020).
224. Cfr. Ashley (2017), p. 383.
225. Cfr. Solar (2021), pp. 140, 154.

mas jurídicas, no proceden simplemente de explicaciones estadísticas acerca del funcionamiento del algoritmo; aun en los supuestos en que esa explicabilidad sea factible[226].

Y es que estos algoritmos funcionan como «cajas negras» (el término ya es popular en los estudios sobre IA), ya que ni el sistema ni sus diseñadores pueden explicar cómo funciona; eso convierte, señala Solar, en ilusoria la pretensión de transparencia, porque ni siquiera el conocimiento del diseño supondría que se entendiera su funcionamiento[227]. Y si el ingeniero encuentra difícil explicar la comparación de patrones, la posibilidad de que un lego en esas materias (sea un jurista, o un ciudadano cualquiera) pueda entenderlo es todavía más remota: eso invalida la exigencia de publicidad de las razones jurídicas propia de un Estado de Derecho[228]. Estos problemas pueden superarse con algoritmos denominados de «caja blanca», cuyo diseño sí ofrece garantías de trazabilidad.

No es sólo el de la ininteligibilidad el problema que puede aquejar a esta vertiente de la IA. Otro es el de la falta de objetividad de los algoritmos. La aparente asepsia que parece proporcionar la formalización de instrucciones desaparece si tenemos en cuenta que esta herramienta (aunque funcione de manera opaca a veces) parte de datos que introducen programadores humanos. Y esos datos, nos alerta Solar, son elegidos en función de opciones axiológicas[229]. De ahí derivan no pocas preocupaciones, porque tales datos, y los correspondientes patrones de funcionamiento, pueden estar afectadas por sesgos de tipo diverso que afectarán el funcionamiento de un algoritmo que sólo es aparentemente neutral[230]. Reparemos en que este defecto obedece al carácter humano de la herramienta: la IA sólo reflejará la opción ideológica del autor del programa, pero no desarrollará por sí misma nin-

---

226. Vid. Bench-Capon / Atkinson / Munford (2021), per totum. Los autores destacan la prevalencia actual de aprendizaje automático en el ámbito de la IA jurídica. Su intento de justificar los resultados de ese machine learning aplicando los criterios de la vertiente lógica de la IA adolecen de los mismos defectos de la segunda y que ya he señalado: es una explicación formalizada a posteriori.

227. Cfr. Solar (2021), p. 149. Sobre las dificultades de conseguir transparencia a causa de las peculiaridades de la ciencia computacional empleada en los algoritmos, vid. Desai / Kroll (2017), pp. 9 y ss.

228. Como señalan Henry Prakken y Rosa Ratsma, no es posible explicar completamente el funcionamiento del aprendizaje automático, porque no se puede acceder a toda la información empleada en tales procedimientos; los modelos explicativos son limitados y requieren (según los autores) más investigación empírica. Prakken / Ratsma (2022), pp. 159 y ss.

229. Cfr. Solar (2021), p, 155.

230. Sobre el problema de los sesgos algorítmicos, que son producto de los diseñadores humanos, y la manera de combatirlos, vid. Belloso (2022), pp. 45 y ss.

guna opción ideológica; en todo caso trasladará y potenciará, según los datos que maneje, la que se introduzca en el momento de su creación[231].

En tercer lugar, los sistemas rastreadores y predictivos acaban conformando pautas para la decisión de valor estadístico. Como ya he recordado, al hilo de la ineludible certeza en el Derecho, en ocasiones es exigible la uniformidad de la nueva decisión con las decisiones pasadas; esa exigencia aparece en numerosas ocasiones: pensemos en buena parte de la actividad administrativa que ha de seguir determinados carriles de legalidad clara. Pero en otras, las peculiaridades y circunstancias novedosas de un caso nuevo demandan una decisión que también los sea; en esos supuestos la herramienta de IA proporciona, sin duda, un apoyo estimable al mostrar decisiones pasadas que ofrecen una línea argumental anterior, pero no puede sustituir la apreciación del jurista con experiencia.

Y, en cualquier caso, la función predictiva, aunque sea eficaz, es eso: predicción, pero no juicio. Fuera del ámbito jurídico, en ámbitos como la responsabilidad corporativa y la gobernanza, algunos economistas señalan que la IA hará predicciones más baratas, pero esa predicción no elimina la necesidad de un juicio y, por tanto, la presencia de un juzgador humano[232]. Efectivamente, las predicciones son útiles, pero no excluye la necesidad de decidir de acuerdo con los datos del caso presente. Reparemos en que la misión del jurista no es, en esencia, predecir. Es innegable que un abogado habrá de estimar las posibilidades de éxito ante el tribunal de la pretensión de su cliente, pero la clave del trabajo del jurista es encontrar la respuesta correcta, en la medida de lo posible y dentro de los criterios de corrección del orden jurídico en el que se mueva. No se trata sólo de averiguar si determinada interpretación de la norma, o de una acción humana, es estadísticamente probable, sino de enjuiciar si un comportamiento concreto es adecuado al ordenamiento: ha de juzgar y decidir en consecuencia[233]. De ahí que pueda decirse que una predicción algorítmica, aunque útil, carece de los elementos básicos para ser considerada un auténtico juicio.

Y esa decisión debe estar argumentada. Tengamos en cuenta que la concepción actual del Estado de Derecho no sólo pasa por la aplicación lo

---

231. Sobre los problemas de la falta de neutralidad de los algoritmos vid. Balcells (2020), pp. 191 y ss. Navas (2017), pp. 41 y ss. Borges (2020), p. 68, Barona (2021), p. 48.
232. Cfr. «Legal Practicioners Approach to Regulating AI Risks», en Algorithmic Regulation, p. 229.
233. Un estudio sobre la aversión a sustituir decisiones humanas por predicciones algorítmicas (por ejemplo, del riesgo de reincidencia) señala que, a pesar de la eficacia predictiva de los algoritmos, a éstos les falta el toque humano (que incluye, entre otras cosas, la empatía) que un algoritmo es constitutivamente incapaz poseer. Cfr. Lowens (2020), pp. 271-272.

más literal posible de la norma legitimada democráticamente, cuando sea posible, sino también por la necesidad ineludible de argumentar. En las pasadas décadas, autores como Neil MacCormick, Aulis Aarnio o Robert Alexy han insistido en la presencia de ambas características como propias de la auténtica seguridad jurídica y como señas de identidad del constitucionalismo contemporáneo[234]. Esa es la postura que adopta en nuestro orden jurídico el Tribunal Constitucional al determinar el contenido esencial del derecho fundamental a la tutela judicial efectiva del 24.1 de la Constitución. En efecto, el Tribunal no puede revisar la interpretación que la jurisdicción ordinaria hace de las normas (salvo la Constitución) ni la valoración de la prueba, pero si entiende que la tutela judicial como derecho fundamental comprende el derecho a una decisión que esté basada en argumentos razonables; esa razonabilidad la remite a los criterios y métodos admitidos por la tradición y la ciencia jurídicas. Lo que quiero destacar ahora es que la obligación de ofrecer argumentos aparece ya como una exigencia constitucional. Aunque más adelante volveré sobre el problema de la racionalidad argumentativa, parece claro que una solución que no pueda fundarse en alguno de esos criterios, no respeta el orden constitucional. Las correlaciones de datos ofrecidas por un programa de IA no respetan esos estándares de racionalidad que conforman hoy el Estado de Derecho. La UE es consciente de ese problema y ha ofrecido una solución en el art. 22 del Reglamento General de Protección de Datos, que en principio prohíbe la toma de decisiones exclusivamente automatizadas; la regulación es compleja, porque esa prohibición tiene excepciones (consentimiento, autorización legal, carácter anexo a un contrato), y esas excepciones a su vez deben adoptar cautelas[235]. No voy a entrar ahora a exponer con detalle el tratamiento de este problema, pero sí quiero indicar que la norma está pensada desde la perspectiva de la IA como herramienta que puede lesionar derechos si no se toman precauciones; la precaución básica es la presencia de un supervisor humano: la intervención de un auténtico jurista.

Esa supervisión, que tenga en cuenta los bienes humanos que están en juego en una decisión también es necesaria en el empleo de la IA capaz de procesar datos y variables fácticas, útil para situaciones en las que no es posible prever los efectos de una decisión. La IA puede aportar ayuda, al igual que otro tipo de instrumentos, informes periciales, etc. que órganos

---

234. Cfr. MacCormick (2005), pp. 6 y ss., 26 y ss., p. 139. Aarnio (1990), p. 144. Alexy (1987), p. 148. Específicamente sobre la exigencia constitucional de argumentación judicial cfr. Brüggemann (1971), pp. 35, 134, 152, 161.
235. Cfr. sobre esta regulación Roig (2020), pp. 27 y ss. Es la línea que adopta la Ley Orgánica de Protección de datos y de protección de derechos digitales.

administrativos, jueces y legisladores (porque sus decisiones también son jurídicas) emplean en su actividad decisoria. Buena parte de estos instrumentos de IA empleados para prever riesgos, etc. se refieren a hechos que sirven de base para un juicio (en sentido amplio, no estrictamente el propio del poder judicial), así que cabe pensar que tienen un carácter eminentemente empírico, lo que facilita s carácter técnico y su eficacia objetivamente instrumental. Porque la máquina es capaz de procesar datos con mucha más eficiencia que el juzgador humano y podrá ofrecer descripciones y previsiones de mayor precisión[236]. Sin embargo, ese supuesto conocimiento empírico que ofrece la máquina no es tan aséptico como pudiera parecer. La metodología de la aplicación del Derecho tiene claro que la determinación de los hechos del caso no está ajena a las valoraciones[237]. En primer lugar, porque se trata de establecer el contenido de acciones humanas, con lo que éstas tienen de intencional y de realidades cargadas de sentido, que muchas veces se extrae de la interpretación de circunstancias y signos. Por otra parte, la investigación empírica, psicológica o sociológica ha de usar a veces conceptos valorativos, cuya elección y presencia deben ser explicitados y justificados. De ahí el problema de

---

236.   Dentro de la polémica generada por el Movimiento de Derecho Libre entre fines del siglo XIX y principios del XX, uno de sus defensores, Ernst Fuchs explicaba que la averiguación judicial de los hechos no está dirigida por ningún método, sino mediante el «conocimiento personal subjetivo y la experiencia»; esa experiencia procede en parte de su vida privada y en parte de su actividad judicial. Pero lo cierto es, explica Fuchs, que acerca de la realidad el conocimiento empírico del juez no es mejor que el de un profano en derecho cultivado. La solución que él propone es que el jurista tenga una formación en psicología científica. Cfr. Fuchs (1910), pp. 153-154. Esta reflexión de Fuchs ha de ser entendida desde la defensa iusliberista de un derecho que no deriva deductivamente de la norma, sino que surge de la vida social y de los sentimientos de los decisores. Pero esa remisión al conocimiento científico como apoyo del jurista para conocer verdades empíricas que afecten al Derecho podría ser satisfecha con el empleo de sistemas de IA capaces de proporcionar análisis de datos más precisos que lo perceptible por el conocimiento no científico de un jurista. Desde este punto de vista, la finalidad de la IA es proporcionar datos para que el juicio humano sea más seguro.

237.   Cfr. al respecto Larenz (1994), pp. 276 y ss., 289 y ss. donde explica que la formación y enjuiciamiento del hecho consiste en enunciados sobre tales hechos, que no vienen dados de antemano. Para elaborar tales enunciados es necesario valorar y ahí entra el elemento personal. Esto aparece claro, recuerda Larenz, en la noción de negligencia que depende de conceptos, experiencia, etc. En consecuencia, una herramienta de IA que estableciera una hipótesis acerca de la calificación como negligente de un comportamiento determinado, requiere la introducción en el programa de criterios y patrones que deben ser seleccionados por un profesional del Derecho, consciente de las valoraciones que esa selección implica. Y la aplicación final de la herramienta requiere también de una valoración de un profesional para comprobar que en el caso actual no hay circunstancias y matices que invalidad la hipótesis elaborada por la máquina en función de casos de negligencia anteriores previamente seleccionados.

los sesgos que ya he mencionado. Obviamente, establecer un programa de predicción de comportamientos, de cumplimiento e incumplimiento, de valoración de riesgos, es tarea que no puede llevarse a cabo sin tener presente las normas de las que se trata y los principios y sentidos que sustentan esas normas. Hacerlo requiere un juicio previo acerca de lo buscado y acerca del bien jurídico que está en juego: todo ello es competencia ineludible del ser humano.

La limitación de estos sistemas para desempeñar tareas jurídicas la expresa con claridad Silvia Barona cuando afirma que la IA no es un pensar «maquínico», sino la traslación del pensar humano a una «suma ágil de cálculos» de probabilidad basado en el análisis de los datos; eso no es pensar, sino el empleo de una máquina estadística, porque el pensar implica la comprensión y el discurso, cosas ambas inaccesibles a las máquinas[238]. A pesar de la innegable eficacia de estos programas no parece que el empleo de la IA basada en datos pueda solucionar completamente los problemas de vaguedad e incertidumbre que aquejan a muchas decisiones jurídicas (y no sólo jurídicas) y a los que aludí más arriba.

Es cierto que el trabajo del jurista implica con frecuencia procesar información y es innegable que la computación es un medio conseguirlo ejecutando instrucciones programadas. Por eso, los defensores de la IA entienden que, cuando no sea posible la modelización lógica, entrará en acción la modelización basada en datos. Utilizando este último medio sería posible predecir una elección individual, pero es necesario que esté disponible información suficiente y que, además, esa información esté completamente estructurada; en ese caso, será fácil modelizarla y predecir el resultado a partir de decisiones pasadas. Pero algunas situaciones, a causa de su complejidad u opacidad, carecen de esa estructura susceptible de modelización: en ellas no es posible anticipar todas las contingencias posibles; eso ocurre cuando hay que trasladar argumentos jurídicos de un sector del ordenamiento a otro para defender una teoría jurídica o explicar un cambio en el Derecho; son muestra de tareas no estructuradas que están más allá de las capacidades actuales de los ordenadores; en esos supuestos los contextos y situaciones requieren «habilidades tácitas de inteligencia emocional»[239]. No podemos olvidar que las investigaciones en IA avanzan en el desarrollo de programas capaces de responder a entornos variables (como el tráfico urbano), de manera que la formalización pueda modelizar situaciones para responder a circunstancias *a priori* imprevisibles; algoritmos de aprendizaje reforzado, programas que contienen conjuntos de respuestas, lógica no

---

238. Cfr. Barona (2021), pp. 46-47.
239. Remus / Levy (2012).

monótona son algunas de las herramientas empleadas[240]. Pero, por ahora, esos avances no están dedicados a razonamientos específicamente jurídicos que impliquen valoraciones.

3.4. LAS LIMITACIONES

Lo cierto es que tanto la IA centrada en la lógica como la centrada en los datos, presentan insuficiencias a la hora de resolver problemas jurídicos. Así lo reconoce Bart Verheij, en un discurso pronunciad como presidente de la Conferencia sobre IA y Derecho de 2020 al poner de manifiesto las dificultades de aplicar esta tecnología a lo jurídico, porque es un asunto complicado. Tanto que buena parte de lo que hoy se considera tecnología jurídica (como un sistema experto), no es realmente IA. Y Verheij señala los principales motivos de esa dificultad. En primer lugar, el razonamiento jurídico está guiado por reglas, pero no gobernado por ellas; en segundo, las palabras en el Derecho tienen una textura abierta; y en tercero, las cuestiones jurídicas tienen más de una respuesta, respuestas que, además, cambian con el paso del tiempo. La manera de desenvolvimiento que hasta ahora posee la IA, de manera puramente lógica, o puramente estadística, es insuficiente, porque el acercamiento a la realidad jurídica exige atención a las especificidades de la situación y poseer sentido común, algo que las máquinas no tienen. El progreso en este ámbito es lento, reconoce Verheij, y añade que sólo los «valientes» podrán conseguirlo. Y lo cierto es que se muestra un tanto desencantado con las posibilidades de la IA cuando afirma que los sistemas de IA no dicen nada sobre cómo llegar a resultados concretos o de las razones que avalan un determinado resultado. Y reafirma el desencanto, cuando recuerda lo que le comentó su director de tesis: «Esas nebulosas estructuras formales tuyas no tienen ningún fundamento en la forma en que piensan los juristas»[241].

Y es que, a pesar de los intentos, en parte exitosos, de llevar a cabo actividades propias de los juristas por parte de las diversas variantes de la IA, hay aspectos de la profesión que no son imitados satisfactoriamente. Parece que hay un núcleo de juridicidad que la IA es incapaz de captar. A intentar aclarar en qué consiste ese núcleo está dedicado el capítulo siguiente.

---

240. Vid. López de Mántaras y otros, pp. 1 y ss.
241. Cfr. Verheij (2020), pp. 187-188, 193-194, 196.

4

La imposibilidad de la máquina jurista

SUMARIO: 4.1.   ¿ES RAZONABLE LA IA?.

A mediados de los setenta del siglo pasado, Joseph Weizenbaum relataba que, según proclamó en una reunión dedicada a la IA John McCarthy, «no hay nada que sepa un juez que no se le pueda enseñar a un ordenador». Esta afirmación pareció a Weizenbaum una «monstruosidad»[242]. Con independencia de la pertinencia de esa calificación, en las páginas anteriores he mostrado que por ahora hay habilidades y conocimientos jurídicos que no podemos enseñar a un ordenador. Esta situación es aplicable a diversas profesiones jurídicas, no sólo a la judicial. Sin embargo, quizá no haya que exagerar esa preocupación, porque la investigación en IA jurídica no pretende crear un jurista máquina, como nos recordaba Pompeu Casanova hace pocos años, sino ayudar al desempeño del jurista[243].

Cuál es la importancia de esa ayuda ha de medirse por las diversas habilidades y competencias que comprenden la profesión de jurista. Porque, como ya he indicado más arriba, a veces a determinación de una solución jurídica puede derivarse mecánicamente desde las normas generales y buena parte de la realidad jurídica se desenvuelve mediante procedimientos mecánicos y repetitivos, de manera que las herramientas que ofrece la IA son eficaces y pueden ahorrar trabajo y recursos considerables. Todo el trabajo jurídico que pueda ser automatizado entra en el campo de intervención de la IA jurídica[244]. Eso no tiene por qué ser negativo. Viktoria Herold nos recuerda el temor frecuentemente expresado a que el empleo

---

242.   Cfr. Weizenbaum (1978), p. 214.
243.   Cfr. Casanova (2010), p. 214.
244.   Así lo señala Solar (2018), pp. y ss. Recuerda que la estandarización del Derecho existe y hay ámbitos en los que no es preciso un asesoramiento individualizado; en ese campo puede intervenir al IA jurídica.

de la IA jurídica lleve a sumir al Derecho en la completa automatización y mecanización, lo que sería contrario a la justicia del caso. Pero, advierte esta autora, la predictibilidad y la estabilidad del orden jurídico también son importantes. La aplicación de Derecho ha de compatibilizar ambos planos: la seguridad jurídica y la justicia del caso concreto; por tanto, la IA tendrá más o menos papel en función del tipo de decisión que se necesite[245]. Es decir, que la máquina puede ser un instrumento útil para el jurista y no debemos tener miedo de esa situación.

A veces, la teoría jurídica desdeña la estandarización del trabajo jurídico, porque tiende a ocuparse de las cuestiones más conflictivas, de los casos difíciles y de las construcciones jurisprudenciales más creativas y olvida toda esa parte que llena la cotidianidad de notarías, registros y juzgados que puede ser resuelta de una forma bastante mecánica y repetitiva. Nieva Fenoll nos recuerda que la mayoría de casos que se presentan en la práctica suelen ser reiterativos y de ahí la eficacia de las leyes, que generalizan situaciones reales; si estas no se repitieran, las normas jurídicas carecerían de sentido y en buena parte de esas situaciones se pueden sistematizar y trasladar a algoritmos: al fin y al cabo, los jueces son mecánicos la mayoría de las veces y emplean heurísticos para tomar sus decisiones. Y esos heurísticos, explica Nieva, implican cálculos estadísticos intuitivos para decidir en la cotidianidad; en esa labor, la IA puede ayudar a hacer esas decisiones más previsibles[246].

Conviene recordar que antes del despliegue de la IA en el Derecho, Ulrich Klug ya escribía sobre sistemas de procesamiento electrónico de datos empleados para obtener soluciones jurídicas, construidos según esos procedimientos lógicos deductivos; Klug alertaba de que en ningún modo se trataba de jueces (ni legisladores) autómatas, sino de máquinas que resolvían de forma automatizada, en ámbitos como el Derecho Tributario, por ejemplo[247].

En definitiva, y en esto coinciden los juristas estudiosos de la IA, las tareas judiciales que sean mecánicas, de mera gestión automatizable, pueden ser procesadas por la IA, algo que seguramente ahorrará tiempo y

---

245. Vid. Herold (2020), pp. 76 y ss.
246. Cfr. Nieva (2018), pp. 28, 30-31, 44 y ss.
247. Cfr. Klug (1982), pp. 174 y ss. En Alemania, las investigaciones sobre el uso de ordenadores en el Derecho empiezan a fines de los años cincuenta y desde entonces se ha desarrollado una informática jurídica, sin estar directamente relacionada con la IA. Cfr. Hoeren / Bohne (2010), per totum.

dinero a la Justicia. Y lo mismo puede decirse de la Administración[248]. Y la verdad es que no todas las tareas judiciales requieren los esfuerzos propios de un juez hercúleo a los que se refiere Dworkin ni las complejas operaciones hermenéuticas que describe (o, quizá, prescribe) Esser, aunque por supuesto, en ocasiones, tampoco tan raras, sí sean precisas. En cualquier caso, es preciso subrayar la diversidad de la realidad jurídica. Algunas teorías jurídicas hacen hincapié excesivo en la apertura del texto jurídico, de manera que pueden hacer creer que es imposible derivar una solución clara desde la norma y todo queda siempre en manos del intérprete; una simple mirada al Derecho muestra que hay situaciones en las que la respuesta del ordenamiento es deducible con relativa facilidad, porque los textos exponen con claridad el comportamiento jurídicamente exigible: pensemos, por ejemplo, en la enorme cantidad de normas administrativas que establecen plazos, procedimientos, crean organismos, etc. y que dejan escaso margen hermenéutico[249]. Al mismo tiempo, como ya he señalado más arriba al tratar las dificultades de la lógica en el derecho, hay también muchas ocasiones en las que la respuesta jurídica requiere ulteriores razonamientos más allá del significado gramatical inmediato, o la conformación del caso se presenta dudosa. Esta complejidad de la realidad jurídica hace que no todo sea automatizable ni susceptible de ser reducido a parámetros estadísticos; y ahí la IA ha de detenerse, como señala Nieva Fenoll[250].

Por otra parte, esa distinción, innegable, entre la vertiente más mecánica y la más abierta de la realidad jurídica, no puede ocultar que la presencia del jurista es ineludible en ambas partes. Porque un algoritmo sigue instrucciones y compara patrones estableciendo similitudes, pero no comprende lo que supone una aplicación mecánica de una norma ni la importancia que tiene la expectativa de seguridad jurídica frente a decisiones más casuísticas. Dicho de otro modo, es preciso tener unas ideas determinadas sobre lo que significa el Derecho para decidir que lo mejor es la aplicación mecánica de las normas. No hay que olvidar, por otra parte, que muchas

---

248. Vid. al respecto Gamero / Pérez Guerrero (2023), en el que aparecen estudiadas el empleo actual de IA en el sector público español, las exigencias de transparencia, control de sesgos, reserva de humanidad y supervisión humana que han de estar presentes en ese empleo.

249. Vid. la crítica a las denominadas posturas interpretivistas defensoras de un «Derecho dúctil» (como Zagrebelsky) por no ofrecer una imagen completamente real en Ruiz Miguel (1996), per totum.

250. Cfr. Nieva (2018), pp. 115 y ss. Cfr. también Villalba (2020), p. 175, que destaca el carácter extremadamente complejo del proceso intelectivo del juez, que por ello es insustituible. En el mismo sentido cfr. Barona (2021), p. 48. Navas (2017), pp. 24 y ss. Esta imposibilidad de automatizar completamente la decisión jurídica no es propia sólo de la judicatura, sino de todas las profesiones jurídicas. Cfr. Solar (2018), pp. 88-89. Bourcier (2003), pp. 134 y ss.

decisiones se presentan como aparentemente mecánicas, aunque en realidad, contengan elementos políticos y subjetivos. No es fácil establecer *a priori* hasta qué punto la solución procede completamente de una derivación automática desde la norma o si hay elementos valorativos implícitos en la aparente automatización.

Esa dificultad resulta inevitable si tenemos en cuenta que el orden jurídico no es conjunto homogéneo de normas cortadas por el mismo rasero, sino que comprende normas de textura y conformación muy variadas, debido a su estructura, su función, materias reguladas, etc. Manuel Atienza y Juan Ruiz Manero han señalado que las «piezas del derecho» presentan texturas diversas que influyen en el grado de flexibilidad de su aplicación. Desde otro punto de vista, Carpintero ha llamado la atención sobre la variedad de normas jurídicas en función de los bienes que acogen y promueven, desde las que tienen un carácter más administrativo hasta las que regulan relaciones privadas; esa finalidad hace que realmente el ordenamiento sea un conjunto de directrices enormemente heterogéneas[251]. Es preciso tener en cuenta esa diversidad para un empleo adecuado de la IA jurídica, que funcionará mejor en el ámbito de normas de aplicación estricta, pero también como característica de lo jurídico que requiere la presencia de jurista humano, porque apreciar esa variedad de texturas, funciones, etc. de las normas sólo está al alcance de la sensibilidad no computacional del jurista profesional. Inevitablemente, ser jurista presupone una personalidad capaz de captar bienes e intereses y elegir instrumentos adecuados para protegerlos. Sólo el jurista consciente puede saber cuándo conviene innovar y cuando seguir los carriles establecidos.

A principios del siglo XX Max Rumpf, en una época en la que la ciencia jurídica alemana se agitaba por las tendencias antimetódicas, defendía la posición del juez pensante y valorador, sin el cual no existiría un orden jurídico. Explicaba que el derecho no está para que el juez despliegue su personalidad, pero el dominio del Derecho no es posible sin una personalidad inteligente completamente desarrollada en sentido ético y jurídico: la tarea judicial «no puede estar a cargo de un pequeño funcionario subalterno educado simplemente para la mera subsunción mecánica»[252]. Rumpf estaba preocupado por mostrar la imposibilidad de lo que consideraba pensamiento «puro» en el derecho, es decir, aquel en el que no están presentes valoraciones, sentimientos ni intereses en los asuntos tratados, sino sólo preocupación por la corrección formal de sus propias operaciones: pero esto

---

251. Cfr. Carpintero (1994), pp. 115 y ss.
252. Cfr. Rumpf (1906), p. 6.

no sirve en el derecho, no sirve la lógica[253]. Esa tarea no puede llevarse a cabo sin tener presente la relevancia que el sentimiento y la toma de posición valorativa tienen en la decisión jurídica, porque en la aplicación del derecho es importante el querer y el valorar; precisamente el ser consciente de la entrada de factores psicológicos e incluso irracionales en la decisión hace posible limitar sus efectos, aunque nunca se puedan eliminar del todo[254].

Cito a este autor, porque me parece especialmente representativo de su época, preocupada por resaltar los factores, en parte personales y en cualquier caso irreductibles a un método mecánico y aséptico, que resultan decisivos para el jurista. Y creo que la situación actual, en la que los sistemas de IA pretenden mecanizar la solución jurídica, precisa una renovada reflexión sobre la presencia de esos factores personales.

Es cierto que el concepto de sentimiento jurídico es considerablemente ambiguo e incluso peligroso, porque puede referirse a ideas puramente subjetivas y abrir paso a la arbitrariedad decisoria. Lo que ahora quiero resaltar es la presencia inevitable en los juristas, no sólo en los jueces, de elementos valorativos que influyen en las soluciones y que no siempre son racionalizables. Incluso la misma aplicación mecánica requiere una valoración previa: porque es el jurista el que sabe si es mejor adoptar una aplicación mecánica del derecho o es necesario utilizar otros modos de aplicación. Recordemos el planteamiento de Joseph Raz sobre la ley como razón excluyente, que ha de aplicarse en la mayoría de los casos sin calibrar las razones de fondo y su adecuación o no a las circunstancias del caso; las normas descargan de trabajo, porque permiten configurar el trabajo jurídico, sin hacer balance de razones subyacentes[255]. Pero este empleo de la regla que ha de aplicarse de forma lo más literal posible, y que, por tanto, parece responder a los modos de funcionamiento de la IA necesita de la apreciación previa de un jurista humano, que fuera capaz de ver la norma como razón excluyente, y que programara la máquina para que así lo considere en determinado tipo de casos.

Por ese motivo, resulta imprescindible sacar a la luz la existencia de ese conjunto de presupuestos de orden diverso que en otro tiempo se denominó sentimiento jurídico y que impide el triunfo del mecanicismo jurídico[256]. Estos factores deben der tenidos en cuenta en el diseño de la IA jurídica. Quizá sea actualmente la Hermenéutica jurídica la que resalta con más detalle la influencia de elementos, porque ha puesto de manifiesto que la determina-

---

253. Cfr. Rumpf (1906), pp. 39-41.
254. Cfr. Rumpf (1906), pp. 4-5.
255. Cfr. Raz (1991), pp. 60 y ss., 89.
256. Cfr. Kriele (1976), pp. 312 y ss.

ción de una solución jurídica ha de tener en cuenta tanto el texto normativo, como una variedad de elementos que comprenden la referencia al contexto sistemático, el contexto formado por el problema, los principios jurídicos existentes en ese sector del ordenamiento, consideraciones sobre la justicia del caso, o la naturaleza de la cosa. Páginas atrás ya recordé que la Hermenéutica había mostrado las limitaciones de la lógica a la hora de establecer las premisas en el razonamiento jurídico. Precisamente la mencionada presencia de criterios que no pueden exponerse formalizadamente es la que exige actitudes y aptitudes especiales en el jurista. En efecto, dar una respuesta jurídica requiere captar tanto el sentido jurídico presente en la regla, como el que aparece en el caso, que no es para el jurista un mero material en bruto. Además, esa respuesta ha de elaborarse desde un horizonte hermenéutico constituido por la formación del jurista, las tradiciones y valores, mentalidades en los que se mueve. Esa variedad de factores hace que no siempre exista un método preciso para dirigir la decisión jurídica[257].

En esa línea, Larenz explica que en derecho no hay dimensiones mensurables, sino ponderación: es preciso hacer valoraciones referidas a situaciones concretas, sin que exista un orden jerárquico de los bienes y valores en juego. Existe, en consecuencia, un margen de libertad para el jurista; aunque ese margen no quede abandonado al sentimiento jurídico, sino que es racional, las circunstancias del caso particular impiden la existencia de reglas fijas para resolver el problema[258]. Ante esta situación, Larenz se pregunta si la ponderación es la confesión de que un juez resuelve sin el apoyo de principios metódicos y sólo a partir de pautas que establece para sí. Esto no se puede responder definitivamente, según Larenz, en el estado actual de los conocimientos metodológicos. No parece que en el tiempo pasado desde entonces tengamos una respuesta más precisa[259]. Larenz aportaba criterios que permiten cierta racionalización del margen mencionado: además de la ley, la naturaleza de la cosa, la comparación con otros casos, los principios del orden jurídico, e incluso la idea del derecho, como concepto iusfilosófico. Y esto lo sostiene un autor famoso por su *Metodología de la*

---

257. Sobre la aportación de la Hermenéutica jurídica y la insuficiencia del método como recetario prefijado, vid. Ollero (1996), Viola / Zaccaria (2001).
258. Cfr. Larenz (1994), p. 409.
259. Cfr. Larenz (1994), p. 401. La ponderación, como forma de razonamiento jurídico, es objeto de polémica. García Amado advierte que la inexistencia de una medida que sirva como baremo objetivo para valorar y comparar argumentos jurídicos provoca que la ponderación acabe finalmente en manos de las opiniones subjetivas de los juzgadores. Cfr. García Amado (2016), pp. 3 y ss. Atienza sí considera factible el juego de argumentos propio de la ponderación. Vid. el debate entre ambos en Atienza / García Amado (2012), per totum. En cualquier caso, la ponderación implica el empleo de valoraciones (con independencia de su grado de objetividad) sea difícilmente trasladable a un lenguaje computacional.

ciencia del derecho[260]. Parece claro que este tipo de racionalidad no puede ser organizado mediante un método que automatice la solución, ni mediante instrucciones formalizadas que aprehendan las posibles variaciones circunstanciales del caso. Ese tipo de razonamiento es diferente del que por ahora llevan a cabo los algoritmos en el denominado «razonamiento basado en casos». López de Mántaras y otros explican que se basa en la existencia de regularidades de mundo real, y en la idea de que problemas similares tienen soluciones similares y en la tendencia a encontrar problemas similares. Dado un problema nuevo, este tipo de razonamiento utilizará el conocimiento de situaciones previas para un caso similar que pueda ser reutilizado para resolver el problema nuevo. Pero el caso que estudian estos científicos es el de las posiciones espaciales en el fútbol para poder desarrollar jugadores robots[261].

La situación de la IA jurídica es diferente, porque ha de tratar con situaciones dependientes de textos normativos. Fritjof Haft explicaba al respecto que incluso al lenguaje ordinario le es difícil hacer frente a la complejidad del derecho. Sin embargo, explica Haft, el jurista con experiencia tiene recursos para llegar a resultados justos, gracias a un saber no lingüístico, aunque se genere en el lenguaje; ese saber puede ser llamado sentido de justicia, surgido de la experiencia elaborada racionalmente gracias al trabajo con una cantidad considerable de casos reales[262]. Estas apreciaciones de Haft son pertinentes en el tema que me ocupa, porque muestran la existencia de experiencias e intuiciones previas al lenguaje jurídico que no pueden formalizarse mediante algoritmos.

Es posible afirmar que la decisión jurídica. Y es que la decisión depende en última instancia de una especie de intuición entrenada por la experiencia que difícilmente puede modelizarse. Al respecto escribía Josef Esser que el *hunch* (concepto procedente de la teoría jurídica de los EE.UU.) implica un «sentido de orientación adquirido por la experiencia en el campo de los principios del ordenamiento», principios que tienen una misión ordenadora del conjunto del derecho, unida esa experiencia con la capacidad de estimar su alcance presente[263].

---

260. Cfr. Larenz (1958), pp. 287 y ss.
261. Cfr. López de Mántaras y otros (2017*), pp. 251 y ss.
262. Cfr. Haft (2002**), p. 382.
263. Cfr. Esser (1961), p. 256. La edición original es de 1956. El empleo de un concepto procedente de los EE.UU. no es casual, porque la postura de estos juristas hermeneutas tiene algunas similitudes con aportaciones del Realismo Jurídico Americano y Josef Esser publicó su *Principio y norma* después de una estancia de investigación en los EE.UU.

Esas apreciaciones se desenvuelven sobre el trasfondo de precomprensiones (por utilizar el término propio de la Hermenéutica), de las que forman parte los tópicos empleados en la argumentación, compartidos por los miembros de una comunidad jurídica. Gracias a tales tópicos (aunque no todo el razonamiento jurídico sea tópico) es posible la comunicación jurídica. La IA es incapaz de esa precomprensión y, por tanto, del manejo de tópicos. Aunque sea posible introducir algún principio o algún tópico en un esquema argumentativo parcialmente modelizable, el programa carece de la capacidad de comprender las implicaciones que puede tener un tópico tanto en un contexto determinado, como en el plano más amplio de la cultura jurídica.

Es verdad que la creatividad en el plano de la decisión jurídica humana es limitada. El jurista debe encontrar la solución dentro de las posibilidades que ofrece el ordenamiento jurídico; cuando, por ejemplo, la interpretación no está clara, porque hay diversos significados posibles, la IA puede proporcionar un abanico de alternativas justificables por estar contenidos en decisiones previas que facilite al jurista la elección. Pero la IA no puede hacer la elección entre los criterios contenidos en esos repertorios. Tal vez, sería posible introducir una serie de patrones en el algoritmo que recojan factores similares a los que conforman los criterios extratextuales de la decisión. Al fin y al cabo, sabemos que al emplear IA de aprendizaje automático y profundo no es posible predecir por completo el resultado, y, por tanto, la IA jurídica obtendría una respuesta como la más probable dadas las decisiones anteriores sobre casos similares[264].

4.1. ¿ES RAZONABLE LA IA?

En las páginas anteriores he expuesto algunos modelos de razonamiento empleados por la IA para simular el utilizado en el Derecho. Y me he referido al debate sobre el papel de la lógica jurídica, un asunto directamente conectado con el modo argumentativo propio del jurista. Cuestión discu-

---

264. Aunque no pueda tratar ahora el tema con un mínimo de detenimiento, es interesante recordar que la posibilidad de prever con certeza hechos y comportamientos sería una manifestación más de la confianza que la mentalidad moderna depositó en el método. Como ha recordado Enrique Haba, la metodología pretende diseñar un procedimiento que proporcione su resultado seguro si se siguen los pasos adecuados y sea capaz de resolver todos los problemas. Esa fórmula, precisa Haba, aparece como un algoritmo, procedimiento estandarizado para obtener «resultados previstos con alto grado de probabilidad». Este autor reconoce que tales algoritmos existen para muchas actividades, pero no para la conducta humana. En este ámbito, la presencia junto a la racionalidad de elementos más complejos inexplicables desde métodos y sistemas; de ahí su rechazo de un «mecanismo cibernético para la política». Estas apreciaciones son aplicables al Derecho. Cfr. Haba (2010), pp. 58 y ss., 96, 106, 112.

tida es, como indiqué, si la argumentación es parte de la lógica en sentido amplio, o si argumentación y lógica son diferentes. En cualquier caso, si la lógica es entendida como el estudio de las estructuras formales del razonamiento, parece aceptado que tiene un papel secundario en el derecho, porque no sirve para encontrar las premisas razonables desde las que argumentar. Y he señalado también que los intentos de la IA para modelizar la argumentación así entendida resultan insuficientes. Hay algo en la argumentación que no puede ser captado por un pensar meramente formalizado. Las habilidades computacionalmente inimitables pertenecen al ámbito de lo práctico, un concepto que sigue siendo objeto de debate.

Los estudiosos de la IA son conscientes de esta cuestión, el papel de lo práctico, aunque no suelan utilizar esa palabra. Es significativo que Karen Young muestre preocupación por que los algoritmos, sólo produzcan decisiones «deshumanizadas», en las que están eliminadas las virtudes humanas de discreción y juicio. El algoritmo emplea una «lógica fría» y calculadora, mientras que la decisión humana atempera la dureza de las reglas con «compasión, simpatía y moralidad». Es verdad, reconoce Young, que a veces es deseable que la decisión jurídica esté fundada en una lógica calculadora, pero otras es preciso apartarse de la aplicación estricta de la regla[265].

Son varios los aspectos destacables en esta reflexión. En primer lugar, la referencia a la «lógica fría» conecta con lo que ya he señalado acerca de la insuficiencia tanto de la IA simbólica como la de basada en datos. La mencionada frialdad es la incapacidad para captar las peculiaridades y circunstancias de un caso. Y la mención de la compasión y el atemperamiento de las reglas remite no sólo al carácter argumentativo del derecho, y, por tanto, abierto y flexible, sino también a ese ámbito peculiar de la inteligencia humana que ya he mencionado: lo práctico. No es casual que la preocupación de Karen Young por atemperar la dureza de las reglas recuerde a la noción aristotélica de epiqueya, aunque ella no mencione la semejanza.

La epiqueya era una adaptación de la justicia a las peculiaridades del caso que no pudieron ser previstas por el autor de la norma, y no tenía necesariamente un carácter dulcificador de lo dispuesto en la norma[266]. Lo que es más importante es que la idea de modular la norma en función del caso gracias a capacidades del juzgador que van más allá de la mera aplicación mecánica es una característica esencial de la noción de razón práctica desarrollada a partir de la filosofía aristotélica.

---

265. Cfr. Young (2019), pp. 29.
266. Cfr. Aristóteles.

Desde luego, un jurista es un aplicador de normas para solucionar; también es innegable que maneja un instrumental metódico, que parcialmente puede ser modelizado, pero con frecuencia esa actividad aplicadora descansa sobre una base de sentido más amplia: la razón práctica, que consistiría (entre otras cosas) en esas peculiaridades que faltan a la «lógica fría» del algoritmo a la que aludía Karen Young. Precisamente, el actual interés por la razón práctica va unido a la lucha contra el formalismo y los instrumentos propios de la lógica simbólica; frente a ésta, la argumentación jurídica es considerada un caso especial de discurso práctico[267]. Al respecto, es útil el recordatorio que hace Alberto Montoro entre las dimensiones técnica y práctica del Derecho. Es innegable que éste tiene aspectos técnicos, como las reglas metodológicas, pero esa técnica está el servicio de un fin que va más allá del control eficaz que pueda proporcionar la técnica, porque está en los principios y valores éticos que son el fin último del derecho[268]. Esa presencia de un fin implica que el derecho ha de tener en cuenta alguna idea de lo bueno o lo correcto (ahora no hago distinción, aunque éste sea un asunto debatido) y esa dimensión es la de lo práctico en el derecho, sin la cual no tiene sentido el empleo de medios técnicos.

En estas explicaciones se entrecruzan algunos conceptos, insertados en un interés creciente por la razón práctica y su distinción de la técnica desde la segunda mitad del siglo XX. Uno de los veneros de ese interés es la versión de la racionalidad práctica en Aristóteles, aunque no sea la de este autor la única noción de razón práctica, ni sea la única que hoy ejerce influencia. Es llamativo, además, que la tradición aristotélico-tomista utilizara (como ya hemos visto) una acepción amplia de lógica que incluía también los aspectos prácticos, una cuestión reservada por Aristóteles a procedimientos diferentes a los silogismos analíticos.

La versión de lo práctico de raíz aristotélica afirma que esta vertiente de la racionalidad se desenvuelve en la resolución de las cuestiones que afectan a los asuntos humanos. Aristóteles distingue entre la realización de artefactos (la técnica) y el conocimiento del comportamiento humano correcto; en esta segunda vertiente (que incluiría el derecho) las reglas deben adaptarse a la peculiaridad de los asuntos humanos y a esa capacidad para saber qué es lo correcto mediante la interacción entre norma y circunstancias del caso la llamó Aristóteles frónesis. Esta aparece como virtud intelectual dedicada a conocer las exigencias de las virtudes éticas, lo que incluye la justicia y su objeto, lo justo.

---

267.   Cfr. Velasco (1999), pp. 55 y 59.
268.   Cfr. Montoro (2005), pp. 600.

De la explicación aristotélica ha derivado una comprensión de lo práctico que entiende los asuntos humanos inevitablemente abiertos a lo circunstanciado; de ahí que el establecimiento del comportamiento correcto no pueda consistir en una aplicación mecánica de las reglas que ofrezca un resultado completamente seguro, algo propio de los saberes teóricos entendidos al modo aristotélico; lo práctico, en cambio, se caracteriza por la relativa imprecisión, ya que la regla tiene que modular su aplicación según el caso y las hipótesis de resultados posibles; desde este punto de vista, la clave de lo práctico está en la acción misma no en las reglas y por ese motivo éstas no pueden controlar completamente su aplicación, ni es posible diseñar un método para dicha aplicación[269]. Esta apertura flexible de lo práctico derivada de Aristóteles es objeto en el siglo XX de atención especial por parte de diferentes corrientes filosófica. Seguidores e intérpretes de Aristóteles (en grado variado) como Hans-Georg Gadamer (quien cita a Aristóteles al respecto) también mantienen que las reglas en sí mismas son insuficientes para entender su aplicación; ese escepticismo ante las reglas también aparece en el Wittgenstein de las *Investigaciones Filosóficas*, aunque vaya por derroteros menos aristotélicos[270].

Está claro que a partir de esta concepción de las reglas resulta complicada la formalización de esta manera de razonar. Chaïm Perelman (autor clave en la teoría de la argumentación de la segunda mitad del siglo XX) lo señala cuando escribe que el razonamiento práctico aplicable en moral no se debe inspirar en modelo matemático, sino en una virtud caracterizada por tener en cuenta aspiraciones diversas e intereses múltiples y complejos. Según Perelman, esta forma de razonar es la que Aristóteles denominó fronesis y se manifiesta también en la jurisprudencia de los romanos[271].

Una de las consecuencias de esta manera de pensar es la identificación de lo práctico como el rechazo del formalismo, entendido como la imposibilidad de la aplicación literal de las normas; ante esa imposibilidad, el jurista habrá de emplear argumentos, puntos de vista diversos, principios, etc., sin que sea posible reducir ese arsenal a un método estricto, en la línea crítica a la que he aludido en las páginas anteriores[272]. Esta identificación de la práctica en el derecho con la flexibilidad aplicativa lo conecta con las teorías de la argumentación. En efecto, la determinación de la solución jurí-

---

269. Cfr. Inciarte (1974), pp. 172 y ss. Aubenque (1999), pp. 82 y ss. Arregui (1990), pp. 165 y ss. Rodríguez Lluesma (1995), pp. 406 y ss.
270. Por otra parte, es discutible hasta qué punto la filosofía de Wittgenstein es trasladable al problema de la aplicación de normas jurídicas. Vid. al respecto Arulanantahm (1998), per totum.
271. Cfr. Perelman (1972), p. 190.
272. Un ejemplo de esta actitud en Farber (1992), per totum.

dica, que no puede derivarse desde la norma general procederá del empleo de los argumentos que proporcione la teoría de la argumentación correspondiente.

Sin embargo, esta consideración de lo práctico no agota toda la amplitud del problema: porque la realidad de lo práctico no se acaba en la flexibilidad aplicativa de las normas que afectan a la conducta humana. Recordemos que la razón práctica tiene como finalidad el despliegue de las potencialidades de la persona, conforma la moral y es objeto de la frónesis a la que me referí más arriba. La moral implica en el pensamiento aristotélico nociones de bien, o, mejor dicho, de lo bueno, que han de inspirar esos desarrollos de la personalidad hacia la perfección. En consecuencia, lo práctico no supone sólo la imposibilidad de deducir la respuesta de los interrogantes humanos desde normas estáticas, sino también la presencia de una concepción del bien.

Es curioso que esta realidad la resaltara alguien que rechazara el concepto mismo de razón práctica como Alf Ross. En los años treinta del siglo XX explicaba que la ética ha de tener en cuenta un fin o fundamento último e incondicionado, una idea de bien, ya que de lo contrario no sería más que una tecnología, es decir un conjunto de procedimientos adecuados para conseguir ciertos resultados[273]. Cuestión distinta es la existencia real de tal idea de bien, negada por Ross, porque el bien no sería más que un sentimiento subjetivo, carente de realidad más allá de la sentimentalidad[274]. Esa inexistencia implica, según Ross, la de la misma razón práctica. Al igual que otros juristas, aunó la negación de la verdad práctica con el rechazo del formalismo aplicativo de las normas; dedicó bastantes páginas a mostrar que la decisión, de manera muy clara la judicial, obedece a factores variados, entre ellos aspectos relacionados con la mentalidad del aplicador. Ese carácter abierto y flexible de la aplicación se debe a la dificultad para construir un método preciso, un problema de carácter técnico que afecta al derecho; el que en esa aplicación de normas estén presentes valoraciones por parte del juzgador (para elegir una interpretación u otra, por ejemplo) no es un problema de razón práctica, porque esas valoraciones no pueden ser ordenadas a una idea de justicia objetivamente fundada. La dificultad de aplicar las normas es una deficiencia técnica a la hora de captar metódicamente el sentimiento subjetivo humano[275].

---

273. Cfr. Ross (1933), pp. 19, 74, 77.
274. Cfr. Ross (1933), pp. 82-83.
275. Esta actitud ejemplificada en Alf Ross está presente en numerosos juristas, como los positivistas Hans Kelsen, H.L.A Hart o Norberto Bobbio, que también unieron el rechazo a una aplicación literal y metódicamente controlada de las normas con la negación de la razón práctica.

Desde este punto de vista, la dificultad para precisar y concretar el contenido de una norma general se debe a problemas técnicos de dominio del lenguaje ordinario, sin que entre en juego ninguna noción de bien justificable racionalmente. Los obstáculos que la textura abierta del lenguaje presenta a la formalización son una carencia que dificulta la IA jurídica, pero ajena a cualquier trasfondo moral.

Conviene tener presente que la técnica (un *ars*, en la traducción latina) no supone necesariamente la configuración mediante reglas precisas mediante las que conseguir eficazmente un plan original, como parecen entender algunos representantes de la mentalidad aristotélica. La técnica también está abierta a la circunstancialidad de lo humano y a la ambigüedad e incertidumbre que puede afectar al comportamiento de los artefactos humanos. De ahí los intentos de controlar ámbitos inciertos mediante lógicas difusas o derrotables.

Por otra parte, la afirmación de razón práctica también es compatible para algunos juristas con una defensa de una aplicación formalista de las normas; una muestra relevante de esa actitud la ofrece John Finnis al reducir el razonamiento práctico a la captación de esos fundamentos a los que aludía Ross y que en la filosofía de Finnis se denominan «bienes básicos». Una vez que esos bienes son reformulados por el poder legislativo el jurista desarrolla una labor predominantemente técnica para averiguar la solución establecida por las fuentes que tienen autoridad creadora del derecho[276].

En resumen, aunque la razón práctica sea identificada por buena parte de la teoría jurídica actual con la aplicación flexible de normas, una comprensión completa de ese concepto requiere también la aceptación de un principio racional de justicia. No es preciso recordar que éste es uno de los problemas más difíciles de la filosofía jurídica (tal vez el problema principal), y ha producido, desde que los griegos inventaron la filosofía, debates especialmente intensos. Y lo cierto es que la filosofía actual muestra un desconcierto considerable, porque presenta una considerable variedad de respuestas acerca de esa cuestión, multiplicidad que se reproduce en la teoría jurídica.

La primera opción sobre el problema es negar la posibilidad de racionalizar el descubrimiento de lo práctico. Esta postura ha estado vinculada a corrientes diversas (positivismo lógico, empirismos varios) que identifican las cuestiones valorativas con efusiones sentimentales, subjetivas y, por tanto, irracionales. Aunque estas posiciones suelen unirse a visiones exclusivamente científicas de la realidad, actualmente la negación de cualquier

---

276.   Cfr. Finnis (1995), pp. 148 y ss.

racionalización de lo bueno abarca también a los pensadores calificado de postmodernos y que niegan cualquier posibilidad de conocimiento objetivo, no sólo en el plano moral. Un ejemplo claro lo representa Gianni Vattimo y su nihilismo como rechazo de estructuras estables y fundamentos eternos[277].

No obstante, la filosofía actual también ofrece propuestas más firmes para defender la razón práctica; entre ellas cabe distinguir, simplificando un tanto, dos vertientes. La primera está vinculada a la corriente aristotélica tomista. En esa línea, Ana Marta González escribe que la razón práctica es algo más que una instancia directiva de la acción. Nos recuerda que todas las filosofías morales, incluso las derivadas de Hume, afirman que las acciones humanas admiten dirección racional, aunque ésta sea instrumental y el último motor de nuestra conducta sean nuestras pasiones. Pero, subraya esta autora, tanto para Aristóteles como para Kant la razón práctica implica algo más. Es directiva de la acción y por tanto es diferente de meros impulsos ciegos; de otra forma, la moral no se diferenciaría de la física o de la psicología o de las convenciones sociales. La moral ha de superar ese plano, e ir hacia una concepción metafísica del ser humano para así ofrecer razones prácticas, que implican la rectitud, y no simples razones pragmáticas[278]. El fundamento de esta noción de razón práctica es una epistemología de estirpe aristotélico-tomista defensora de la idea de verdad como adecuación, en la existencia de un ser cognoscible y por tanto en la existencia de una verdad práctica que puede ser opinable en ciertos momentos, pero con una base de certeza que ya no es opinable[279]. Esa base está proporcionada por los primeros principios de la razón práctica, captados de forma evidente (aunque no sean innatos) y que proporcionan la firmeza de la adecuación a lo real[280].

---

277. Cfr. Vattimo (1991), pp. 10-11. Id. (1992), pp. 30 y s. Id. (1995). Es cierto que Vattimo no abandona la ética en manos de la indiferencia, porque defiende la piedad como elemento cohesionador y justificador de comportamientos. El problema es que no aparece ningún fundamento sólido para esa piedad. La remisión a la relación con el pasado y la historicidad no parecen ser suficientes. Es lo que Jesús Ballesteros ha denominado Postmodernidad como decadencia, y que no es sino un individualismo exacerbado derivado de la Modernidad. Vid. Ballesteros (1989).

278. Cfr. González (2006), pp. 22 y ss. John Finnis destaca que la razón práctica proporciona razones para justificar los fines de la acción; no son deseos o pasiones, tal y como planteaba Hume. Cfr. Finnis (2013*) p. 30.

279. Una muestra de esta filosofía en Llano (1984), pp. 25 y ss.

280. Sobre esta forma de conocimiento, vid. Cruz (2009), passim. No entraré ahora en el debate sobre naturaleza de esos primeros principios, su carácter moral, o pre-moral, tal y como ha planteado recientemente John Finnis. Este rechaza que los primeros principios de la ley natural sean morales y que se capten mediante intuición. Cfr. por ejemplo, Finnis (2013*), pp. 139 y ss.

Este planteamiento es el que podríamos llamar de la razón práctica en sentido fuerte. Pero hay otras versiones, que rechazan la existencia de principios morales dotados de contenidos justificables objetivamente y sin embargo afirman la posibilidad de una razón práctica[281]. Sus bases ya no vendrían de la mano de una captación evidente de principios morales básicos derivados de la naturaleza humana, sino de diversas formas de racionalidad procedimental. Una de las más difundidas en la del discurso racional defendida por autores como Jürgen Habermas, Karl-Otto Apel o Robert Alexy. Ellos entienden que lo práctico surge gracias al empleo de complejas estructuras procedimentales que permitirían llegar a resultados racionales. Pero el fundamento del procedimiento mismo queda en el aire, porque los defensores de éticas discursivas niegan la existencia de teorías que puedan justificar racionalmente criterios objetivos sobre lo bueno: no es posible recurrir ya, piensa Habermas, a fundamentos últimos como los propios de una filosofía primera; no sirve el recurso a la ontología, ni a filosofías trascendentales, ni a las condiciones *a priori* del sujeto, ni a la conciencia, ni a la historia o la sociedad. Tampoco aboga por la rendición irracional de Nietzsche y sus seguidores como Richard Rorty; la base última del discurso es un hecho de la razón no fundamentable, pero sí reconstruible *a posteriori* como un presupuesto de la práctica comunicativa cotidiana; son «argumentos trascendentales débiles»[282]. En esta línea, Karl-Otto Apel también sostiene que la argumentación racional no es, en última instancia, argumentable. Es algo que hemos de aceptar y reconocer como una condición pragmática y trascendental[283].

Robert Alexy propone la traslación de estos procedimientos al derecho en tu teoría procedimental de la argumentación jurídica. En ella explica que hay diversas posibilidades de fundamentar las reglas del discurso: considerarlas reglas técnicas; entender que son las reglas seguidas de hecho; las que forman parte de los juegos del lenguaje existentes; finalmente, la validez de las reglas del discurso se debe a que son las condiciones de posibilidad de la comunicación lingüística: formarían una «pragmática universal»[284].

El estatus de esa universalidad no queda del todo claro y seguramente por eso otros partidarios de una fundamentación dialógica han ofrecido procedimientos de universalidad matizada, porque en ellos la racionalidad

---

281. Esta actitud la expone, por ejemplo, Karl-Otto Apel. Cfr. Apel (1985), pp. 344 y 351 y ss. En esas páginas Apel critica tanto a la filosofía analítica como al existencialismo, por separar lo científico objetivo y avalorativo de las decisiones éticas irremisiblemente subjetivas.
282. Cfr, Habermas (1985), pp. 11 y ss., 45, 153-154. Habermas (1987), pp. 16-17.
283. Cfr. Apel (1985), pp. 392 y ss.
284. Cfr. Alexy (1989), pp. 178 y ss.

práctica surge de un diálogo, pero siempre en el seno de un contexto social determinado. Ejemplos enjundiosos de esta postura son Aulis Aarnio o la retórica de Chaïm Perelman. Aarnio rechaza el término «verdad» y prefiere el de «aceptabilidad»; ésta depende del consenso alcanzado en un auditorio. Y el auditorio consiste en formas de vida y prácticas vitales compartidas[285]. Esta situación es la que él denomina «relativismo axiológico moderado»: los valores dependen de la cultura y de la época y su objetividad es intersubjetiva. Los valores no son individuales, porque dependen de formas de vida compartida, pero no hay justificación última más allá de un acuerdo compartido dentro de una forma de vida concreta[286]. Algo que Perelman, por ejemplo, afirmó en repetidas ocasiones a lo largo de su carrera[287]. Aceptar esta pluralidad argumentable acerca del fundamento último del bien y la justicia supone identificar lo práctico con el aporte y contraposición de argumentos, de manera que al final estas propuestas no están muy distantes de las negadoras de un fundamento práctico; y de las que sólo entienden la razón práctica como el abandono del deductivismo desde reglas fijas. La remisión del fundamento a un contexto compartido está relacionada con las aportaciones de la Filosofía hermenéutica de Hans-Georg Gadamer, al que me referí anteriormente, y su descripción de la vida humana como interpretación interminable, en la que el horizonte del intérprete se entrecruza dialogadamente con otros horizontes[288].

Y ante esta situación de pluralidad de teorías sobre los fundamentos últimos del bien y la justicia es procedente recordar lo que ha señalado Franco Volpi sobre los nuevos aristotélicos y la frónesis; ésta es para Aristóteles un saber referido a los medios no a los fines. Y lo que falta en el mundo moderno son precisamente fines, ya que los medios abundan gracias a la ciencia. En Aristóteles, subraya Volpi, la frónesis podía cumplir esa misión, porque contaba con el marco más general proporcionado por la antropología y la metafísica; en cambio, los neoaristotélicos se mueven en el actual horizonte postmetafísico, carente de marcos en los que obtener orientación; de ahí que la frónesis pueda quedar reducida a una simple habilidad. Este «destierro post-metafísico», a juicio de Volpi, deja tanto a los neo-aristotélicos como a sus adversarios sin respuesta la pregunta sobre la orientación en el obrar[289].

---

285. Cfr. Aarnio (1981), pp. 47-48.
286. Cfr. Aarnio (1991), pp. 261-262, 267 y ss.
287. Cfr, entre otros lugares, Perelman (1976), pp. 70 y ss.
288. Cfr. Gadamer (1977), pp. 375 y ss.
289. Cfr. Volpi (1999), p. 341-342. La diferencia entre racionalidad de fines últimos y racionalidad de medios para conseguir fines que, a su vez, no pueden ya ser justificados

Me parece que Volpi acierta a describir el desconcierto actual de buena parte de la filosofía práctica, no sólo la neoaristotélica. Porque la clave de esta faceta del saber humano es encontrar fundamentos racionales para una idea del bien, tal y como recordaba Alf Ross. Si no es posible encontrar ese fundamento (y esa era la conclusión de Ross) no tenemos sino una habilidad técnica para conseguir fines que son, en última instancia, injustificables, salvo la mera existencia fáctica de su difusión compartida en una sociedad concreta[290].

Cabe preguntar hasta qué punto este problema filosófico sobre la naturaleza de la justicia es relevante para la cotidianidad del jurista y, por tanto, para el diseño de sistemas de IA. Como ya he señalado, la profesión de jurista tiene una innegable vertiente técnica, pero esa técnica no puede comprenderse cabalmente sin tener en cuenta una dimensión práctica. En efecto, el empleo concreto de la técnica jurídica implica a veces la referencia a exigencias prácticas, porque el empleo de argumentos en contextos complejos no es posible sin la referencia a bienes humanos que, a su vez, remiten a ideas sobre la justicia. Aunque el jurista sea un técnico, es muy difícil entender su profesión sin adoptar una postura (más o menos precisa) acerca de la justicia.

En consecuencia, plantear la capacidad de la IA jurídica para la racionalidad jurídica implica investigar si ésta posee capacidad para responder a la pregunta por la justicia. La determinación básica de la existencia o inexistencia de racionalidad jurídica práctica, la compleja elaboración intelectual que conduce a la afirmación de principios morales con contenidos materiales objetivos, o al diseño de los presupuestos de un diálogo ideal, requiere de unas habilidades, cualidades y entrenamientos que por ahora son ajenos a las teorías de la computación y a la lógica. Como ya he señalado, la lógica formal no sirve para averiguar la calidad del contenido de las premisas; menos adecuada es para encontrar los principios más básicos de la acción práctica humana.

No obstante, aun cuando son conscientes de esa dificultad, los investigadores dedicados a la IA no dejan de intentar que esos sistemas «aprendan» a captar principios prácticos en general, tanto morales como jurídicos. Las propuestas tecnológicas para conseguirlo son variadas: los denomina-

---

la expresó con claridad Max Weber. Los intentos de rehabilitar la razón práctica pretenden precisamente ofrecer una racionalidad de fines, como expresamente reconoce Habermas.

290. En realidad, el debate sobre la relación entre la verdad y la capacidad de convencer a un auditorio lo planteó Platón en su oposición a los sofistas, tal y como aparece en el *Gorgias*. Cfr. Platón (1992), 459ª, pp. 41 y ss.

dos modelos de abajo-arriba (que manejan datos) o de arriba-abajo más ceñidos a la lógica. O el alineamiento de valores. Sin embargo, estos procedimientos no resultan satisfactorios, como señalan Wendell Wallach y Shannon Valler, porque convertir la IA en un agente moral requeriría la existencia de un carácter y virtud morales corporeizadas. Es llamativo que estos autores se refieran a Aristóteles y su concepto de frónesis para mostrar las dificultades que plantea una IA virtuosa. Ellos sostienen que, en principio, cualquier situación puede ser moralmente relevante, y las circunstancias en las que algo puede serlo no son reductibles a una función matemática explícita. Por eso, los intentos realizados hasta ahora fallan: a la sedicente IA moral le falta para conseguirlo la capacidad de adaptación contextual y la posibilidad de corporeidad, unas características que no resultan posibles en la IA. Y añaden que el desarrollo humano no es un estado mental sino una forma de vida en comunidad, tal y como vieron los griegos; algo que, subrayan Wallach y Valler, las máquinas son incapaces de alcanzar[291]. En el debate sobre la condición de la IA entre el paradigma de la herramienta y el de la auténtica inteligencia parece que hemos de aceptar el primero. Jann Tallin y Richard Ngo sostienen la necesidad de un paradigma de IA intermedio entre el de la herramienta y el de la inteligencia general, el que denominan «paradigma de la delegación supervisada». Supondría (piensan estos dos autores) desarrollar IA que pueda hacer tareas de forma flexible e incluso decidir sin intervención humana, pero como una herramienta supervisada por una persona[292].

Estas apreciaciones muestran la imposibilidad de que un sistema de IA pueda desenvolver el sentido de la justicia (o de cualquier otra virtud) preciso para ser un jurista cabal. Desde luego, no siempre el jurista ha de enfrentarse a esas situaciones completamente abiertas a lo circunstanciado. Es verdad que el Derecho precisamente busca dar respuestas generales en aras de la seguridad jurídica y en esos casos requiere que el jurista aplique la norma; como ya he señalado, la IA puede ser una ayuda para satisfacer esa exigencia. Pero al mismo tiempo es preciso que el jurista (los códigos deontológicos hacen hincapié en ese aspecto) sea un agente moral, dotado de habilidades para captar las exigencias de justicia (que incluyen, desde luego, el principio de seguridad jurídica) y desempeñar adecuadamente su

---

291. Cfr. Wallach / Valler (2020), pp. 386 y ss., 394-398. B.C. Stahl también destaca la ausencia de corporeidad como causa de la inexistencia de moral en la IA. Stahl (2021), p. 28. No obstante, este autor sí plantea alguna posible relevancia moral de la IA en la medida en que sería necesario introducir algún criterio moral en el diseño de la IA, como en el caso de los coches autónomos. Pero no aclara cómo hacerlo. Se trata (como veremos) de un problema que afecta a los programadores y sus principios, no a la condición de herramienta de la IA.
292. Cfr. Tallin / Ngo (2022), pp. 26 y ss.

profesión; las máquinas son ajenas a esas habilidades. Recordemos, como hace Francesco Viola, que un agente moral va más allá del empleo de una razón tecnológica; ésta, explica Viola, resuelve problemas (planteados por la presencia de necesidades) y lo hace a partir de datos empíricos y posteriores asociaciones de ideas que permiten acceder a niveles de complejidad diferentes sin salir de ese conocimiento técnico[293]. Viola no se refiere a la IA, pero esta reflexión le sería aplicable, porque un programa sí puede resolver cuestiones de ese tipo, incluso con complejidad creciente, aunque, como hemos visto, no todo problema técnico (como los planteados por el lenguaje) pueda ser traducible a las formalizaciones computacionales. Pero lo que resulta completamente ajeno a la IA es la característica, propia del agente moral, que destaca Viola: la capacidad para juzgar sobre el bien y el mal mediante principios morales desinteresados dentro de una cierta indeterminación del ser; la subjetividad está presente en la medida en que escapa a la determinación mecánica del comportamiento y se manifiesta en relación al fin mismo de esa vida, que no está predeterminada por la naturaleza. Además, en el plano social y jurídico esa elección del comportamiento tiene lugar dentro de una interacción pública mediante el diálogo en un horizonte común de significados[294]. Si trasladamos esta reflexión de Viola al problema de la IA jurídica vemos que un programa carece de los presupuestos existenciales para actuar como agente moral; resolverá problemas técnicos, pero no será capaz de decidir acerca de bienes humanos[295]. La IA carece de la dimensión de relaciones intersubjetivas en las que se desenvuelva un logos comunicativo: un algoritmo no es discursivo, como nos recuerda Martínez García[296]. Y es que el trasfondo de la ontología humana, como nos recordaba Gadamer, acontece mediado por un lenguaje de argumentos convincentes que no es el del «férreo concluir»[297].

---

293. Cfr. Viola (1998), p. 210.
294. Cfr. Viola (1998), pp. 198, 207, 328 y ss.
295. No es extraño que exploraciones recientes de robótica, IA y Derecho hablen de IA en sentido fuerte si es posible diseñar máquinas emocionales y pensantes; esas características también deberán estar presentes en la IA jurídica, porque si no tienen esas capacidades, las máquinas no podrán captar la complejidad de los problemas jurídicos. Cfr. Karnoukos (2022), pp. 100 y ss. En un plano más general, Catrin Misselhorn sostiene que la impredecibilidad de los resultados de la IA puede ser considerada decisión y es necesario introducir criterios morales para modular esos resultados; pero no implica que la IA sea un agente moral (ella entiende el concepto en sentido kantiano), ya que carece de voluntad, intencionalidad, creencias, habilidades lingüísticas, etc. necesarias para ser agente moral. Misselhorn (2018), pp. 32 y ss.
296. Cfr. Martínez García (2019), p. 181.
297. Cfr. Gadamer (1977), pp. 660-661. Sobre la interrelación con otros que implica esta noción de lingüisticidad cfr. Gadamer (1977), pp. 477 y ss. Este filósofo insiste en que

Quizá cabría plantear la cuestión desde otro punto de vista. Para los juristas que niegan la racionalidad práctica y adoptan una concepción psicológica o sociológica del derecho, las valoraciones inevitables precisas para aplicar normas en los casos en los que no es posible hacerlo mecánicamente forman parte del ambiente cultural de ese jurista; esos valores, que no proceden de ninguna dimensión trascendental a lo empírico, sino que obedecen a posiciones psicológicas, sentimentales, subjetivas o a criterios socialmente compartidos. En tal caso, el aprendizaje automático de un algoritmo podría familiarizar a éste con valores dominantes en una sociedad y tras ese proceso, podría obtener soluciones para un asunto empleando las valoraciones estandarizadas pertinentes en el caso. El jurista sociologizante diría que el procedimiento formativo del profesional del derecho no es substancialmente diferente del aprendizaje automático de la máquina. En ambos casos se trataría de impregnar una estructura calculadora con preceptos y valoraciones dominantes en la sociedad.

Sin embargo, esta pretensión resulta un tanto simplificadora, al no tener en cuenta matices importantes. Es relativamente factible trasladar al lenguaje del algoritmo hechos, imágenes, datos, en suma, pero no valores y bienes, que, por su carácter básico requieren unas formas de concreción y contextualizaciones inasequibles a un algoritmo. Sí es posible crear un reflejo de determinadas valoraciones de forma que el algoritmo lea ciertos casos desde una determinada perspectiva valorativa, que sería la del programador, y obtenga una respuesta[298]. Sin embargo, aun concediendo que fuera posible esa introducción de valores morales, el programa sería inefi-

---

las cosas se hacen inteligibles en el discurso. Cfr. Gadamer (1992), p. 53. Desde una ontología hermenéutica queda claro que un lenguaje computacional presenta limitaciones insalvables para expresar la ontología humana.

298.   Esa parece ser la propuesta de Peter Railston, preocupado por conseguir una IA sensible a la ética. Para desarrollar máquinas éticas considera inadecuado programarlas para que empleen principios, porque según este autor así no adquieren competencia ética los humanos: no se inculca, sino que presupone capacidad para aplicar principios, comprender problemas, experiencia compartida, sentido común, etc. Ese conjunto no se deduce desde los principios. Sin embargo, Railston cree que esas capacidades pueden ser adquiridas por a IA mediante programas de aprendizaje a partir de datos masivos; las máquinas observarán comportamientos humanos para conocer preferencias y luego decidir. Cfr. Railston (2020), pp. 45 y ss., 64-66. La apreciación de Railston sobre la necesidad de ese horizonte de experiencias y valores para la adquisición de moral es correcta, pero justamente por ese motivo no resulta factible que una mera acumulación de datos pueda proporcionar a la máquina la habilidad de dar respuestas morales. El aprendizaje mediante datos propuesto por Railston podría ser existoso, si la máquina pudiera formar un horizonte hermenéutico desde el que enjuiciar situaciones; pero el programador sólo podrá conseguir que el sistema de IA correlacione parámetros en función de los criterios que ese programador haya decidido mediante una valoración, que él sí puede hacer.

caz, porque el carácter mismo de un principio de justicia requiere la conciencia de su significado, su naturaleza o su alcance: no pueden ser aplicados de forma mecánica y, en consecuencia, están fuera de la competencia de la IA. Y es que los humanos, señala Karen Young, somos predecibles (y predeciblemente irracionales) pero somos agentes morales reflexivos capaces de elegir y ejercer autocontrol, resistir tentaciones y escoger nuevos caminos[299].

No es extraño que autores afines a las tendencias autopoiéticas, relacionados con la cibernética, nieguen la existencia personal y, como Luhmann, rechacen la idea de subjetividad e intersubjetividad y la realidad de conceptos antropológicos y humanistas o de las nociones de sentido o fines en la vida. En su lugar entra el concepto de sistema que reduce la complejidad procesando información para hacer controlable un ambiente[300]. Esta concepción que describe el conocimiento mediante funciones informativas y despoja lo humano de nociones como persona o subjetividad puede servir de justificación a una algoritmización de la inteligencia en la que sólo cuente la producción de programas dirigidos a resolver problemas.

Claro que esta concepción sistémica no resuelve el estatus de los programadores (que suponemos sí son personas) ni de la introducción de elementos no programables[301]. Precisamente circunstancias que impiden la asunción del papel de jurista por parte de la IA.

Al respecto, Young añade que los científicos de datos pueden alegar que todos esos factores que atemperan las reglas pueden ser identificados y añadidos a los modelos algorítmicos para mejorar su actuación, pero considera cuestionable que los factores de la «vida real» puedan ser traducidos adecuadamente a datos y algoritmos que sean legibles por las máquinas. Y en el supuesto (que por ahora no parece probable) de que sí fuera factible la decisión algorítmica, ésta no podría descansar en el sentido moral de los correcto y lo incorrecto[302].

---

299. Cfr. Young (2019), pp. 29-30. Como señalan Loggia / Mattei / Rossi / Venable, los agentes humanos eliminan detalles que no son relevantes para la decisión y perciben objetos complejos sin necesidad de conocer una gran cantidad de detalles; en cambio los agentes artificiales carecen de esos talentos. Cfr. (2018), p. 131.
300. Cfr. Luhmann (1998), pp. 32 y ss. 66 y (1983), pp. 15-16. En esa línea la teoría postmoderna de Karl-Heinz Ladeur que descentraliza el sujeto en una pluralidad de juegos de lenguaje, también aboga por una racionalidad fragmentada en funciones y procesos que construyen sistemas diversos. Cfr. Ladeur (1996), pp. 34 y ss., 82 y ss.
301. Luhmann habla de los programas teleológicos, que sí tienen un carácter abierto, pero precisamente ahí residiría su dificultad para reducir la complejidad en el Derecho.
302. Cfr. Young (2019), p 29.

Efectivamente, Karen Young está preocupada, porque la decisión algo-rítmica carece de carácter relacional, comunicativo y empático, capaz de reconocer la realidad de los sujetos humanos y su experiencia. Y aunque los sistemas de IA sean capaces de simular emociones y respuestas humanas, son pobres sustitutos para la empatía y la comprensión humanas: carecen de capacidad para compartir «los vínculos comunes de la experiencia humana»[303]. La apreciación de esta autora me parece importante, porque muestra la limitación esencial para que un algoritmo pueda decidir como un ser humano: carece de ese sustrato ontológico relacional que da razón del derecho. Evidentemente, puede colaborar eficazmente para resolver cuestiones jurídicas, pero le falta el sentido de lo jurídico[304]. Sólo el ser humano es capaz de apreciar un comportamiento humano, como señala Daniele Bourcier, y, en consecuencia, la decisión jurídica exige la proce-dencia humana[305].

En un tema que tiene cierta relación con este, el de la creatividad, López de Mántaras sostiene que ésta parece misteriosa, sólo porque nos resulta difícil saber cómo obtenemos ideas creativas; entonces hablamos de nocio-nes vagas como inspiración o intuición. Pero el hecho de que no seamos conscientes de cómo se manifiesta una idea creativa no quiere decir nece-sariamente que no exista una explicación científica para ese proceso; de hecho, no somos conscientes de cómo realizamos otras actividades (reco-nocimiento de patrones o comprensión lingüística), y, sin embargo, pode-mos diseñar técnicas de IA para replicarlas. Siguiendo a Margaret Boden, López de Mántaras explica que la creatividad combina ideas previas, y, en consecuencia, las leyes físicas, los teoremas, las piezas musicales surgen de un conjunto de elementos previos: la creatividad es una forma de resolver problemas que implica memoria, aprendizaje, analogía y razonamiento vinculado y todo esto es replicable (afirma este científico) mediante un ordenador[306].

Siguiendo esta línea argumental, sería posible generar modelos imita-tivos de IA jurídica mediante la introducción de datos iniciales de entrena-miento procedentes del Derecho, pero, tal y como ya he señalado, ese entre-namiento resulta incapaz de producir un aprendizaje para razonar con principios de justicia, más allá de la obtención de regularidades estadísticas. Es posible afirmar es que la IA no es capaz de captar esos principios ni de realizar en el ámbito práctico las tareas que enumera López de Mánta-

---

303. Cfr. Young (2019), p. 31.
304. Sobre la imposibilidad de que la IA sea agente moral por su falta de emociones e interacciones, vid. Prokesová (2011), pp. 83.
305. Cfr. Bourcier (2003), pp. 123 y ss.
306. Cfr, Lopez de Mántaras , p. 189.

ras[307]. Reparemos en que la capacidad de captar las exigencias de la juridicidad no es una cuestión meramente empírica, que pueda ser satisfecha mediante la acumulación y ordenación de datos, aunque sea innegable que un conocimiento de datos y preceptos proporcionado por el ordenamiento (y su contexto social) sea un requisito imprescindible para esa formación.

Conviene tener presente lo que nos recuerda Robert Alexy cuando explica que la pretensión de corrección es un elemento del derecho y alerta de que sólo en sentido metafórico podemos llamar sistema jurídico a un sistema que no formule esa pretensión de corrección; si un juez no la plantea, incurre en una «contradicción performativa y una falla conceptual»[308]. La terminología de Alexy sobre performatividad obedece a que su filosofía rechaza cualquier idea de derecho natural o racionalidad material objetiva y se funda (como ya indiqué) en el respeto a presupuestos dialógicos. Pero lo que me interesa destacar ahora es que la presencia de argumentos en el derecho implica inevitablemente admitir la referencia a nociones, principios, soluciones que resultan más idóneas que otras y esa idoneidad a su vez ha de presuponer que hay nociones sobre lo correcto. En ese sentido, Manuel Atienza afirma que una concepción argumentativa del derecho implica un discurso justificativo que «es incompatible con el emotivismo axiológico defendido por los realistas» y «está comprometido con un objetivismo mínimo en materia de ética». Y retomando una distinción clásica mantiene que la razón jurídica no es una razón instrumental, sino razón práctica, ya que no sólo trata sobre medios, también sobre fines. La labor del jurista no está guiada sólo por el éxito, sino también por la idea de corrección y la pretensión de justicia. Y recordemos que, como subraya este autor, en los diferentes estados del proceso argumentativo el jurista ha de identificar el tipo de problema que reclama solución, establecer hipótesis sobre las premisas adecuadas y justificar las hipótesis que llevan a la solución[309]. La presencia ineludible de la justificación en la argumentación indica que no es un proceso exclusivamente técnico.

Al ser la argumentación una actividad racional, se mueve sobre el trasfondo de la pregunta por la calidad o corrección del argumento y, en con-

---

307. Margaret Boden habla de tres clases de creatividad: combinatoria, exploratoria y transformadora. Aunque la IA tenga manifestaciones en los tres niveles, Boden reconoce dificultades en su despliegue completo, especialmente en la combinatoria; le falta base conceptual para desarrollar combinaciones de tipo poético, por ejemplo. Cfr. Boden (2009), pp. 24 y ss. No es fácil incluir el razonamiento jurídico en alguno de los tipos de creatividad descritos por Boden, pero sí podemos decir que la vertiente no mecánica de ese razonamiento está entre lo combinatorio y lo transformador y, como hemos visto, a causa de su carácter no computacional es difícilmente accesible a la IA.
308. Cfr. Alexy (1992), pp. 40 y 45.
309. Cfr. Atienza (2013).

secuencia, por la justificación objetiva de tales argumentaciones. Como ya indiqué, ese debate está abierto, pero la existencia del debate es una muestra de la presencia de un problema humano real inesquivable. En última instancia, esta cuestión depende del concepto de derecho. No puedo hacer ahora con un mínimo de detenimiento un repaso de los problemas ontológicos del derecho, pero no cabe duda de que la afirmación del papel de la razón práctica en el derecho va pareja con una consideración del derecho como una realidad enraizada en algún tipo de bien o finalidad humana que ha de verse satisfecha mediante ese conjunto de normas que es un orden jurídico. La razón práctica ha de alimentarse de un sustrato ontológico desde el que extrae criterios.

En todo caso, afirmar la razón práctica supone defender la idea de que el derecho no es una mera imposición desde el poder, sino que desempeña una finalidad ordenadora de convivencia y garante del respeto de bienes humanos. Y lo cierto es que los códigos deontológicos de los juristas adoptan esa concepción del derecho; una muestra es la presencia de la justicia en tales códigos como un bien que los juristas han de proteger. El Código de la Abogacía Española afirma en su Preámbulo que «a lo largo de los siglos, muchos han sido los intereses confiados a la Abogacía, todos ellos trascendentales, fundamentalmente relacionados con el imperio del Derecho y la Justicia humana». Y continúa destacando que en «una sociedad constituida y activada con base en el Derecho, que proclama como valores fundamentales la igualdad y la Justicia, el abogado experto en leyes y conocedor de la técnica jurídica y de las estrategias procesales, se erige en elemento imprescindible para la realización de la Justicia…». Los Principios de Ética judicial del Consejo General del Poder Judicial español afirman en su preámbulo que «si la ética, en general, es una propuesta de vida buena y lograda, la ética judicial es la promesa de una justicia buena en cuanto incorpora las cualidades necesarias para lograr el fin que le asigna la Constitución; la tutela de los derechos de la ciudadanía». Y entre los principios de esa ética está la independencia, que implica «una disposición de ánimo» que excluya interferencias ajenas a su valoración de la prueba, las reglas del procedimiento o su entendimiento de las normas jurídicas aplicables. La imparcialidad y la integridad exigen conductas personales que excluyan conflictos de intereses o pongan en peligro su decisión conforme a derecho. Por su parte, la Deontología judicial del Grupo de Trabajo de la Red Europea de Consejos de Justicia contiene un conjunto de virtudes dirigidas a la corrección de la decisión judicial, por ejemplo, la reserva y discreción, que obligan al juez a evitar «cualquier comportamiento que haga pensar que sus decisiones se basan en algo distinto de la aplicación de la ley de forma justa y fundamentada». Y entre las «cualidades o virtudes del juez» señala que este deberá cumplir su misión con «sabiduría, lealtad, humanidad, coraje, seriedad y prudencia»; además, el juez debe destacar por su sabiduría que se manifestará a través de sus conocimientos sobre la realidad y el derecho, y mediante su «comportamiento razonable, justo y prudente». Y esa sabiduría tiene que completarse con su sentido de la humanidad mostrada en el respeto a las personas y su dignidad y en la sensibilidad ante la dimensión humana de las situaciones que han de enjuiciar.

El Código Iberoamericano de Ética Judicial insiste en los mismos principios de independencia, imparcialidad… La motivación, en su art. 19, expresa la obligación de expresar razones jurídicamente válidas, aptas para justificar la decisión». Y, en suma, según el art. 35, «el fin último de la actividad judicial es realizar la justicia por medio del Derecho». Y la exigencia de equidad obliga a atemperar con criterios de justicia las consecuencias de la abstracción y generalidad de la ley.

El contenido de estos códigos es incomprensible sin la existencia de una razón práctica como la que expuse en páginas anteriores. La imagen de jurista que se desprende de estos textos deontológicos implica que ese profesional sea capaz de captar las exigencias de corrección que reclama su trabajo. Y es que, como señala Ángela Aparisi, las profesiones jurídicas tienen sentido por su relación con la justicia, una relación que sólo es inteligible cuando se relaciona con la verdad descubierta por la razón práctica[310]. Autores como Hans Kelsen afirmarían que esas menciones en los códigos deontológicos obedecen a motivos ideológicos consoladores, sin que exista ninguna verdad objetiva que sustente esas llamadas a la justicia. Pero admitir tal cosa supone pensar que el derecho es una realidad sin sentido, y que argumentar es tarea fútil, algo que contraviene la realidad cotidiana de la experiencia jurídica. Y, en todo caso, la decisión acerca de la cuestión es algo que no puede ser reducido a una computación formal. Negar la justicia implica ser consciente de lo que la justicia significa, lo que por ahora sólo está al alcance del ser humano.

Inevitablemente, esta reflexión nos conduce al problema de la ontología jurídica. Porque si conceptuamos el Derecho como un conjunto de normas precisadas desde un centro creador, quizá sea más fácil derivar más o menos mecánicamente desde ellas todas las soluciones. Pero ya hemos visto que esto no es posible. Precisamente las consideraciones argumentativas expuestas en las páginas anteriores nos llevan a entender el Derecho como una realidad más compleja. Que el Derecho está compuesto por normas es

---

310. Cfr. Aparisi (2006), pp. 108 y ss., 192 y ss.

evidente, pero la comprensión completa del orden jurídico demanda atender a otros elementos.

Francisco Carpintero ha estudiado con detalle el papel que tienen lo que denomina «las cosas», el conjunto de situaciones, necesidades, exigencias que forman los plexos de sentido en el que se mueven los seres humanos en las interacciones sociales. Y ha señalado que la relación entre el derecho y las necesidades humanas de manera que las normas jurídicas son una función de tales necesidades. Aun reconociendo que esas conexiones son complejas y a veces de difícil precisión, el conjunto de normas que compone un ordenamiento sólo es inteligible desde una base ontológica que funde un sentido. La presencia de esa base es ineludible, aunque a veces sea inconsciente. Carpintero llama la atención sobre esta cuestión cuando explica que en la cotidianidad nos movemos muchas veces en lo que denomina «situaciones normativas» en las que aparecen en juego bienes humanos que proporcionan el sentido a tales situaciones. Y aclara que en tales supuestos nos movemos entre sobreentendidos y precomprensiones (en la acepción de la filosofía hermenéutica) que implican juicios de valor acerca de acontecimientos que no son simplemente hechos; esto implica que el observador adopte una consideración teleológica de los actos humanos[311].

Claro está que el jurista necesita hacerse cargo de ese sustrato teleológico. Desde la Hermenéutica jurídica Josef Esser ha señalado que las normas tienen una infraestructura y una superestructura; la primera contiene las referencias a conceptos, principios, problemas, valores que dan sentido a la regulación normativa; la segunda, a las relaciones de esa norma concreta con otras normas del mismo sector del ordenamiento y con otros sectores. Y en un sentido más amplio, esta Hermenéutica plantea que el derecho es una empresa interpretativa que renueva constantemente los preceptos normativos en función de las circunstancias y orientaciones de los problemas; en efecto, las normas jurídicas han de ser interpretadas entre otras cosas teniendo en cuenta aquello de lo que hablan, las realidades humanas que toman en consideración. Precisamente la dificultad para configurar el derecho de una manera lógica obedece de manera muy destacada a que el Derecho no es un mero conjunto de proposiciones normativas, que podrían ser organizadas lógicamente, sino que también está compuesto por las situaciones concretas, las cosas a las que se refieren esas normas, como nos recuerda Giuseppe Zaccaria al resaltar la importancia de los contextos; estos suponen posibilidades de despliegue existencial del derecho dentro de esos contextos de instituciones, precedentes judiciales, principios de moralidad

---

311.   Cfr. Carpintero (1994), pp. 194-195.

política de las comunidades[312]. Esa realidad forma parte, señala Zaccaria, de un «umbral prelingüístico» imprescindible para poder entender correctamente es lenguaje normativo. Precisamente esta textura peculiar del lenguaje jurídico, abierto a contextos extralingüístico, plantea retos, que por ahora parecen insuperables, al empleo de sistemas formalizados y computacionales en el derecho.

Estas menciones a la vertiente semántica de la norma jurídica nos muestran la importancia de las conexiones de sentido que sustentan un orden jurídico; sirven también para explicar por qué aplicar normas no es una tarea completamente formalizable; parece claro que la IA se muestra escasamente capaz para captar las dimensiones teleológicas de las situaciones y problemas en las que se desenvuelve la vida humana y que son relevantes para una solución jurídica.

Si la IA fuera verdadera inteligencia, debería servir para el conocimiento de tales elementos de juridicidad, que en última instancia dependen de la captación de principios y exigencias de justicia. Si la inteligencia humana, lo humano, posee la habilidad para captar esos sentidos, la IA jurídica carece precisamente de ese talento; de ahí que no pueda ser considerada inteligencia en sentido fuerte. Sólo existirá como instrumento muy sofisticado, pero inhábil para entender lo verdaderamente humano. Recordemos la diferencia que la filosofía occidental estableció entre *intellectus* y *ratio*, *Verstand* y *Vernunft*, por emplear los términos en sus variantes tomista y kantiano. El primero captaba los principios básicos de la razón teórica y práctica, el segundo efectuaba razonamientos, lo que incluye los cálculos. Con independencia del debate filosófico generado durante siglos para aclarar (o para negar) estos conceptos, lo que quiero destacar ahora que hay vertientes de la inteligencia que comprenden las exigencias morales y jurídicas básicas, que no son susceptibles de cálculo y resultan ajenas a la IA tal y como existe hoy, producto de técnicas computacionales[313].

Lo cierto es que hay ensayos y diseños para formalizar computacionalmente esa dimensión de la razón práctica captadora de principios últimos, lo que permitiría decidir en sentido propio. Aunque sin entrar en consideraciones sobre valores, John MacCarthy mantiene que tanto las máquinas y como los seres humanos poseen libre arbitrio lo que les otorga capacidad para conseguir fines; según MacCarthy, eso posibilita que un programa sea capaz de considerar alternativas y «decidir qué hacer mediante un razona-

---

312. Cfr. Zaccaria (1996), pp. 99-110, 194.
313. Sobre esas vertientes de la razón, vid. Kaufmann (1999), pp. Aunque en la obra no se plantea el problema de la IA.

miento» productor de un resultado concreto[314]. Pero este investigador no explica en qué consiste esa decisión más allá de presentar alternativas de funcionamiento de un programa; pero la existencia de diferentes posibilidades de funcionamiento es algo muy diferente de la toma de conciencia de una situación, del decisor mismo y de la existencia de fines y valores que han de justificar la decisión.

Hay diseños de IA en los que sus autores buscan desarrollar capacidad de tomar decisiones, por ejemplo, en un partido de fútbol, pero esas investigaciones están centradas en la captación de posiciones espaciales diversas y movimientos consecuentes, tal y como muestran investigaciones desarrolladas por López de Mántaras y sus colaboradores. En este caso, utilizan el CBR (Case-Based Reasoning) que se basa en dos principios: las regularidades del mundo real implican que problemas similares tienen soluciones similares y la tendencia a encontrar problemas similares[315]. Pero hay que advertir que los criterios para esas similitudes las establecen los programadores y que el asunto tratado aquí no es el de una decisión propiamente dicha que suponga toma de conciencia autónoma sobre situaciones y alternativas, ya que se refiere a la ubicación espacial de robots para realizar jugadas. Una vertiente más prometedora para la IA jurídica es la labor que estos investigadores desarrollan para diseñar un sistema de IA capaz de llevar a cabo tareas de mediación; este sistema utiliza técnicas diversas, como la teoría de la argumentación de Dung, y ofrece esquemas a partir de conjuntos de argumentos introducidos por los programadores; tiene un carácter experimental (sus autores reconocen que sus presupuestos no funcionen en la mayoría de los problemas del mundo real) y ofrece (como ya he señalado antes) estructuras de argumentos que dependen de los pesos otorgados por los autores del sistema[316].

Más relacionada con los problemas de la razón práctica están las propuestas de trasladar a este lenguaje la teoría de los derechos fundamentales de Robert Alexy; pero no pasa de ser un esquema construido con conceptos procedentes de un resumen de la teoría de Alexy[317]. Y es que, como ya he señalado, formalizar razonamientos sobre valores y bienes supremos es complicado. Por ese motivo, los diversos sistemas de IA presuponen la existencia de valores o bienes supremos, que son precisamente los que aceptan los programadores. En consecuencia, el debate sobre el papel de tales valores y bienes en la IA no es diferente de debate filosófico tradicional sobre el asunto.

---

314. Cfr. MacCarthy (2000), pp. 3. 8-9.
315. Cfr. López de Mántaras y otros (2016) y (2017), p. 3 y ss.
316. Cfr. López de Mántaras y otros (2016*), per totum.
317. Vid. Griffo / Almeida / Guizzardo, (2015), per totum.

Es la conexión con ese debate la que podría indicar una vía para una IA capaz de captar principios básicos. En efecto, las posibilidades de la IA podrían ser otras, si no existiera esa dimensión trascendental. En ese supuesto caben posibilidades. En primer lugar, es posible que la inteligencia humana sea el producto de una evolución compleja, que obedezca a las leyes de la complejidad y que, por tanto, tiene una base puramente biológica. Sin embargo, esa complejidad no es reproducible artificialmente; en ese caso, no habría auténtica IA. Cabe pensar también que sí es posible reproducir ese proceso de evolución compleja y en ese caso sí será posible la IA, sólo es cuestión de avanzar en el dominio técnico de esos procesos. Es la tesis que ofrece Harari, aunque sin fundamentarla.

Todas esas apreciaciones son irreproducibles por un sistema computacional, porque el jurista no es un mero técnico que reproduzca reglas de manera mecánica, aunque el derecho muchas veces funcione de esa forma. El juez no puede ser un mero autómata, el abogado no es un simple predictor de resoluciones judiciales. El jurista, en general, ha de plantear la pretensión de corrección desde un horizonte valorativo formado por el orden jurídico en el que se mueve y por la estimación de los bienes humanos que están en juego en las interacciones sociales. Porque el derecho no es sólo un conjunto de normas procesables, el jurista no sólo puede ser una máquina, aunque ésta le ayude[318]. Como afirma Kevin Ashley, los humanos son mejores «concibiendo hipótesis interesantes», que se ramifican para resolver problemas jurídicos y elaborar justificaciones. En cambio, los ordenadores analizan cuerpos amplios de datos para buscar evidencias de las hipótesis elaboradas por los humanos[319]. Porque Ashley busca desarrollar computación cognitiva, es decir, la que establece hipótesis sobre argumentos jurídicos y es capaz de probarlas dentro de los documentos de un *corpus*. En esa tarea, los humanos y los ordenadores pueden colaborar, los primeros son los que saben qué es lo que «importa jurídicamente», los segundos, ayudan a enmarcar y probar esas hipótesis a partir de los casos ya existentes que contengan argumentos y contraejemplos. Pero no pueden aportar nuevos argumentos[320]. Esta dificultad de la IA no es más que una manifestación de limitaciones propias de la IA en general.

---

318. Cfr. Sourdin (2018), pp. 1123 y ss. donde sostiene que un juez no sólo decide aplicando normas, sino que su función va más allá, proporcionando un marco de responsabilidad y educación públicas. Para eso emplea factores como la intuición, la captación del impacto social, etc., que no pueden ser sustituidos por una máquina.
319. Cfr. Ashley (2017), pp. 356.
320. Cfr. Ashley (2017), pp. 350-351.

Conclusión: la IA como herramienta

Hans-Georg Gadamer ha escrito que «la mera acumulación de hechos no es experiencia»[321]. Esta afirmación puede ser aplicada a la IA, especialmente a la basada en datos. En efecto, estas sofisticadas máquinas computacionales pueden procesar muchos datos y reelaborarlos para ofrecer conexiones que, a veces, habrían pasado desapercibidas para la observación humana. Pero les falta la experiencia, porque ésta requiere la capacidad de memoria, comprensión, interpretación, flexibilidad, sentimientos; las máquinas carecen de estos caracteres y, por tanto, no pueden desempeñar todas las facetas de la profesión de jurista. Y es que esa profesión es una cuestión de estilo, no de método.

Ese estilo es específicamente humano y no reproducible completamente por la IA. No obstante, es preciso incluir una cautela en esa reflexión, porque tan humana es la lógica (formal), la aplicación mecánica de una norma utilizando un método reproducible y la recopilación de datos, como las apreciaciones abiertas acerca de valores y bienes; son todas facetas de la inteligencia humana, algunas reproducibles mediante sistemas computables, y otras no; las primeras se refieren a facetas de lo real traducibles en signos formales, y las segundas a otras facetas cuya complejidad impide el uso de ese lenguaje formalizado, tan humano como el lenguaje ordinario.

Como señalaba más arriba, ese estilo propio del pensar jurídico se despliega en modos diversos de razonar dependiendo del sector del derecho, la estructura de la norma aplicable, las circunstancias del caso, etc. La IA

---

321.   Cfr. Gadamer (2000), p. 311.

precisamente es un instrumento adicional para facilitar el trabajo del jurista, pero no puede en sí misma ser jurista[322].

Es este reconocimiento del carácter instrumental de la IA el que debe orientar las líneas de su regulación jurídica. El primer requisito del uso de la IA, como herramienta disponible para el jurista, deberá respetar las exigencias propias de la decisión jurídica en un Estado de Derecho.

Dichas exigencias se despliegan de manera diferente según el tipo de profesión jurídica, de decisión y la regulación que el propio orden jurídico hace de su propia producción; la admisibilidad de la IA dentro de esa producción dependerá del modo en que los programas y sistemas de IA respeten esos requisitos.

Si buscamos un elemento unificador que abarque a todas esas manifestaciones, podemos señalar la necesidad de argumentar. Recordemos que la noción originaria del Estado de Derecho estaba unida al respeto a la ley, lo que demandaba su aplicación lo más mecánica posible. Pero las investigaciones y experiencias metodológicas, a las que he aludido en las páginas anteriores, muestran que no siempre es posible respetar esa derivación inmediata de la solución desde el texto legal. La inevitabilidad de que en ciertos casos el jurista y el ciudadano se enfrenten a cierto grado de incertidumbre acerca de la solución más acorde con el texto normativo ha obligado a reformular las exigencias que el Estado de Derecho lanza a la aplicación de las normas. Cuando un asunto carece de la simplicidad favorecedora del mecanicismo, el aplicador ha de manejar una panoplia más amplia de instrumentos; lo que el Estado de Derecho demanda en esas ocasiones es que la decisión esté argumentada. Sólo en la medida en que la IA posea ese carácter argumentativo, será admisible jurídicamente su empleo. Como ya he indicado en las secciones anteriores, trasladar al lenguaje computacional un proceso argumentativo es difícil. La dificultad y admisibilidad del sistema de IA dependerá de sus características, especialmente de su apertura explicativa[323].

---

322. Una visión optimista de la IA diseñada para ampliar y favorecer las capacidades humanas, desde la conciencia del salto entre humano y máquina la ofrece Schneiderman (2022), per totum. Una descripción de la IA jurídica como herramienta dependiente de la inteligencia humana en Sánchez Hidalgo (2019), pp. 125 y ss. Sobre las ambivalencias del uso de la IA en la decisión jurídica, con aspectos positivos, pero también peligrosos, vid. Anzalone (2019) sobre su vertiente judicial y (2023), pp. 58 y ss. para un plano más amplio.

323. En el ámbito judicial es preciso distinguir entre funciones diversas: automatización de tareas meramente instrumentales, apoyo a la decisión o decisión automatizada. Vid. al respecto Solar (2022), pp. 381 y ss.

La IA que está basada en la lógica, que como ya hemos visto tiene limitaciones y es más bien experimental, sí posee una estructura abierta con esquemas y grafos argumentativos que exponen abiertamente el curso de la solución jurídica. Si estos sistemas funcionan como heurísticos, como almacenes de tópicos jurídicos, basados en valoraciones y juicios previos, su empleo sería admisible como apoyo en la medida en que contiene ya las justificaciones. Como hemos visto, esta línea de investigación en IA, es reconstrucción de lo decidido más que la creación de una máquina que decida por sí misma, así que no plantea muchos problemas de justificación, ya que contiene estructuras argumentativas expresamente introducidas por sus autores. Más complicado es el estatus de la IA basada en datos. Si su funcionamiento es opaco, resulta poco admisibles desde el punto de vista del Estado de Derecho.

En cualquier caso, dado que la IA es una herramienta instrumental para el jurista, su regulación ha de dirigirse a los autores de esos programas y sistemas para procurar que los diseños respeten los principios y exigencias del orden jurídico[324].

La política de la UE ya ha dejado de lado la pretensión de regular de una supuesta personalidad electrónica[325]. En 2018 la Comunicación de la Comisión al Parlamento Europeo, al Consejo Europeo y los Comités Económico y Social y de la Regiones afirma que el desarrollo de la IA ha de estar basado en valores y que la UE creará el «marco apropiado» que promueva innovación y al mismo tiempo respete los valores y derechos fundamentales de la UE y principios éticos tales como la responsabilidad y la transparencia[326]. Es la misma línea que adopta el *Libro Blanco sobre la IA* elaborado por la Comisión Europea, que significativamente se subtitula *Un enfoque europeo orientado a la excelencia y la confianza*, y busca crear un «ecosistema de confianza», con una regulación protectora de los principios y valores de la Unión y los derechos de sus ciudadanos y señala como clave para el marco regulador común europeo la exigencia de supervisión humana; la preocupación por los riesgos también debe ocupar una posición importante, entre otros los riesgos para el derecho a la tutela judicial efectiva y a un juicio justo (pp. 11-13).

---

324. Vid. al respecto, Belloso (2023), donde expone la necesidad de algoritmos justos: no se trata de que la IA sea una persona dotada de justicia, sino de que los criterios y parámetros que emplee el algoritmo estén inspirados por ideas de justicia.

325. De ahí que el proyectado régimen de responsabilidad por los daños ocasionados en el funcionamiento de la IA por parte de la UE descarte reconocer personalidad jurídica a esos sistemas. Cfr. Castilla (2023), pp. 134 y ss.

326. P. 2.

Esa misión protectora es la que mueve igualmente la *Propuesta de Reglamento del Parlamento y el Consejo,* denominada *Ley de IA.* La amenaza de discriminación algorítmica (a la que me he referido más arriba) será contrarrestada mediante la preocupación por el diseño y por la calidad de los datos de partida. La «vigilancia humana durante el ciclo de vida» de los sistemas de IA y la gestión de riesgos ocupan un papel central para proteger los derechos fundamentales contenidos en la Carta de la UE[327]. Con la finalidad de proteger esos derechos, la Propuesta distingue varios niveles de riesgo, según los sectores a los que pueda aplicarse la IA. En primer lugar, hay técnicas prohibidas; la creación de técnicas subliminales para manipular comportamientos y producir prejuicios; las que usan la vulnerabilidad de grupos de personas (a causa de la edad, la discapacidad, etc.); el empleo de IA por parte de autoridades públicas para clasificar grupos de personas; los sistemas de identificación biométrica (salvo excepciones basadas en la persecución de los delitos).

Otro nivel está formado por los sistemas de alto riesgo, que aparecen enumerados en un anexo de la Propuesta, y entre ellos está la IA empleada con funciones de predicción, valoración de las pruebas, interpretación de las normas y aplicación de éstas a los hechos. En consecuencia, la IA jurídica, desde el planteamiento político de la UE, deberá estar bajo un sistema de control estricto, basado en la supervisión humana[328].

Hasta que la propuesta pase a ser una norma vigente, la que regula el uso jurídico de la IA es el art. 22 del vigente Reglamento de Protección de datos 2016/679, que prohíbe la creación de perfiles y las decisiones (públicas y privadas) tomadas sólo a partir de datos automatizados, salvo las excepciones y consentimientos previstos en ese artículo[329]. Esa prohibición

---

327. Exposición de motivos, pp. 4, 12, 13. Karen Young alerta de los riesgos de que una decisión algorítmica, mediante el uso de perfiles, por ejemplo, pueda lesionar el Derecho a ser tratado con dignidad y respeto, poniendo en peligro la capacidad de autonomía y autodeterminación. Cfr. Young (2019), p. 30.

328. Tít. III, cap. I, art. 6, cap. 2, art. 9. La intención de la proteger los derechos como eje de la regulación europea la exponen Pelayo (2021), p. 76. Llano (2021) per totum; p. 76; Peguera (2020), p. 48; Beale / Brass (2019), p. 139.

329. En el ámbito español, La Ley Orgánica de Protección de Datos recoge en su art. 18 los derechos que asisten al ciudadano relacionados con las decisiones automatizas remitiendo el contenido a los dispuesto en los arts. 21 y 22 del RGPD. Por su parte, la Ley Orgánica 7/2021 de Protección de Datos personales en el ámbito penal (que traspone la Directiva) prohíbe en su artículo 14 las decisiones automatizadas y la elaboración de perfiles con efectos jurídicos negativos o que le afecten significativamente, salvo lo dispuesto en contra en norma con rango de ley o de la Unión Europea y en ningún caso podrá basarse en las categorías del art. 13 (sexo, religión, raza, etc.). Por otra parte,

incluye las decisiones que tienen efectos jurídicos sobre los ciudadanos. Queda claro que no es posible basar una decisión judicial o administrativa sólo en un procedimiento mecanizado sin supervisión humana. En qué consista esa supervisión no está del todo claro, pero debe ser efectiva, no mera apariencia[330].

La regulación de la IA plantea a los recursos tradicionales propios del Estado las mismas dificultades que la de otros sectores tecnológicos y científicos[331]; de ahí que en este campo también encontremos instrumentos alternativos como declaraciones, libros blancos, códigos de buenas prácticas, autorregulación, *soft law*… Pensemos que sólo una IA jurídica responsable e inteligible podrá garantizar los requisitos del Estado de Derecho y el respeto a los derechos y paso previo para conseguirlo es un diseño adecuado de sistemas y programas; dada la complejidad técnica de esa tarea, el papel de la autorregulación por parte de empresas tecnológicas e investigadores es decisivo al respecto[332]. También resulta relevante el refuerzo de una «ética de computación» encargada de proporcionar principios basados en la transparencia, la dignidad, los Derechos Humanos, etc. al diseño de los programas de IA[333].

Todos estos instrumentos normadores tienen sentido en la medida en que aceptemos la evidencia de que la máquina, a pesar de que a veces aparezca calificada de inteligente o autónoma es incapaz de llevar a cabo la mayoría de las operaciones intelectuales de un jurista. Por eso la regulación tendrá que centrarse en los autores de los programas y sistemas abarcados con la etiqueta de IA, porque ellos sí tienen la aptitud y el poder de tomar las decisiones jurídicas mediante instrucciones computacionales[334]. Esta es

---

el principio constitucional de la dignidad y el derecho a la tutela judicial efectiva desautorizan constitucionalmente el uso de procedimientos decisorios mecanizados, sin necesidad de una regulación expresa.

330. Cfr. Roig (2020).
331. Cfr. Esteve Pardo (2009), per totum.
332. Cfr. Roig (2020), pp. 201 y ss.
333. Cfr. Solar (2018), pp. 227 y ss. Floridi y otros (2018), per totum. Monasterio (2017), per totum. Stahl (2021), pp. 21 y ss. Megías (2022), pp. 140 y ss. Albert / Almache (2023); Feltrero (2006). Feltrero está preocupado en esta regulación ética por la «agencia moral» de la máquina, aunque sin explicar cómo puede conseguirse esa agencia por parte de la máquina.
334. La postura del Derecho Administrativo en España es precisamente la de considerar la IA jurídica como una herramienta, que debe estar diseñada para garantizar la transparencia y racional y contar con supervisión humana. Vid. Cerrillo (2020), p. 81; Huergo (2021), per totum; Herold (2020), per totum, también. Sobre las posibilidades de introducir IA en la decisión judicial, con sus ventajas (afianzamiento de la certeza)

la cuestión clave. No es el poder que puedan tomar las máquinas, sino el poder de quien controla esos sistemas de procesamiento de datos; decidirían los parámetros y criterios utilizados para decidir determinadas controversias jurídicas de manera automatizada, sin la posibilidad de atender a otro tipo de consideraciones. Evitar esos riesgos, salvaguardando la dignidad y los derechos de las personas, debe ser el objetivo de una regulación razonable de la IA jurídica.

En cualquier caso, es preciso reconocer que la variedad de procesamiento de datos que abarcamos bajo la etiqueta IA no conforma sino un conjunto de herramientas. Sumamente complejo y en ocasiones extraordinario. Su diversidad es extremadamente útil para el jurista, porque esta profesión se despliega en vertientes diferentes que requieren a su vez formas de razonar distintas; esos razonamientos específicamente jurídicos encuentran apoyo en las manifestaciones de la IA jurídica. Ocurre, no obstante, que el trasfondo de la profesión de jurista, más allá de que sus razonamientos y técnicas sean múltiples, obedece a una toma de posición práctica acerca de la conformación de situaciones, referidas a necesidades humanas que, en última instancia, conectan con la propia dignidad de la persona. Aunque el profesional del Derecho no siempre sea consciente de esas implicaciones de su trabajo, ese trasfondo siempre está presente para dar sentido a su tarea. La máquina, sin embargo, carece de las capacidades para comprender ese sustrato ontológico del derecho; de ahí que pueda ser un instrumento de ayuda de valor a veces extraordinario, pero no puede ser un auténtico jurista.

---

y desventajas (dificultad de formalizar la mayor parte del Derecho, exigencia de humanidad para juzgar, entre otras) que llevan a sus limitaciones constitucionales, vid. Wolff (2022). Jordi Nieva reconoce que el peligro de la IA judicial está en la pérdida de control democrático sobre los programas empleados para decidir. Vid. Nieva (2023), per totum. Vid. Pelayo (2021), p. 76.

Bibliografía

AARNIO, A., 1981, «On Truth and the Acceptability of Interpretative Propositions in Legal Dogmatics», en AARNIO, A., y otros (eds.), *Methodologie und Erkenntnistheorie der juristischen Argumentation*, Berlín, Duncker & Humblot, 1981.

AARNIO, A., «Jurisdiktion und Demokratie», *Rechtstheorie*, 30, 1990.

AARNIO, A., *Lo racional como razonable*. Trad. de E. Garzón, Madrid, CEC., 1991.

AARNIO, A. / ALEXY, R. / PECZENIK, A., «The Foundation of Legal Reasoning», en AARNIO, A. / MACCORMICK, N., *Legal Reasoning*. Vol. I, Dartmouth, Aldershot, 1992.

ADLER, M.J., «Law and the Modern Mind: A Symposium», *Columbia Law Review*, 82, 1931.

AGENCIA ESPAÑOLA DE PROTECCIÓN DE DATOS, *Adecuación al RGPD de tratamientos que incorporan Inteligencia Artificial. Una introducción*. febrero 2020.

ALBERT, H., *Kritische Vernunft und rationale Praxis*. Tubinga, Mohr Siebeck, 2011.

ALBERT, M., «Posthumanismo, inteligencia artificial y Derecho», *Persona y Derecho*, 84, 2021(1).

ALBERT, J.J. / ALMACHE, J.C., «Implicaciones éticas de la IA y su potencial impacto en el Derecho Internacional», *Revista San Gregorio*, 54, 2023.

ALEXY, R., «Rechtssystem und praktische Vernunft», *Rechtstheorie*, 18, 1987.

ALEXY, R., *Teoría de la argumentación jurídica*. Trad. de M. Atienza e I. Espejo, Madrid, Centro de Estudios Constitucionales, 1989.

ALEXY, R., *El concepto y la validez del derecho*. Trad. de J. Malem, Barcelona, Gedisa, 1992.

ANZALONE, A., «¿Robotización judicial? Breves reflexiones críticas», *Journal of Ethics and Legal Technologies* 1, 2019.

ANZALONE, A., «Los procesos decisionales en la era del "Tecnoderecho" y los fundamentos de la reglamentación europea en materia de Inteligencia Artificial: conflicto y juxtaposición entre apocalípticos e integrados», en SÁNCHEZ HIDALGO, A. /ALBERT, J.J. (Coords.), *Derecho y argumentación*, Valencia, Tirant lo Blanch, 2023.

APARISI, A., *Ética y Deontología para juristas*, Pamplona, EUNSA, 2006.

APEL, K.O., *La transformación de la filosofía II*. Taurus, Madrid, 1985.

AQUINO, TOMÁS DE, *Expositio libri Posteriorum Analyticorum*. Ed. digital de E. Alarcón, corpusthomisticum.org.

ARANA, J., *Los sótanos del universo*. Madrid, Biblioteca Nueva, 2000.

ARANA, J. «Inteligencia natural e inteligencia artificial», en VV.AA., *Sobre IA, ¿conciencia artificial? De Natalia López Moratalla*. Madrid, Ideas y Libros, 2018.

ARKOUDAS, K. / BRINGSJORD, S. / BELLO, P., «Towards Ethical Robots via Mechanized Deontic Logic» En *AAAI fall symposium on machine ethics*. Menlo Park, CA, USA: The AAAI Press, 2005. p. 17-23.

ARKOUDAS, K. / BRINGSJORD, S., «Philosophical Foundations», en FRANKISH, K. / RAMSEY, W.M., *The Cambridge Handbook of Artificial Intelligence*, Cambridge, Cambridge University Press, 2014.

ARREGUI, J.V., «Sobre el gusto y la verdad práctica», *Anuario Filosófico*, 23, 1990.

ARULANANTHAM, A.T. «Breaking the Rules?: Wittgenstein and Legal Realism», *Yale Law Journal*, 107, 1998, pp. 1853-1883.

ASHLEY, K. / WALKER, V.R., «From Information Retrieval (IR) to Argument Retrieval (AR) for Legal Cases: Report on a Baseline Study», en Proceedings of the 26th Annual Conference on Legal Knowledge and Information Systems, Amsterdam, IOS Press, 2013.

ASHLEY, K., *Artificial Intelligence & Legal Analytic*. Cambridge, Cambridge University Press, 2017.

ATIENZA, M. / GARCÍA AMADO, J.A., *Un debate sobre la ponderación*, Lima, Palestra, 2012.

ATIENZA, M., *Curso de argumentación jurídica*. Madrid, Trotta, 2013.

AUBENQUE, P., *La prudencia en Aristóteles*. Trad. de J.M. Torres. Crítica, Barcelona, 1999.

BALCELLS, M., «Luces y sombras del uso de la inteligencia artificial en el sistema de justicia penal», en CERRILLO, A. / PEGUERA, M. / ANGLÉS, B. (Eds.), *Retos jurídicos de la Inteligencia Artificial*. Cizur Menor, Aranzadi, 2020.

BALLESTEROS, J., *Postmodernidad. Decadencia o resistencia*. Tecnos, Madrid, 1989.

BARONA, S., «Una justicia "digital" y "algorítmica" para una sociedad en estado de naturaleza», en BARONA, S. (Ed.), *Justicia algorítmica y neuroderecho. Una mirada multidisciplinar*. Valencia, Tirant, 2021.

BARRIO, M.; «Robots, inteligencia artificial y persona electrónica», en DE LA QUADRA-SALCEDO FERNÁNDEZ DEL CASTILLO, T. / PIÑAR MAÑAS, J.L. (DIR.); Sociedad digital y derecho, Madrid, BOE, 2018.

BATHAE, Y., «The Artificial Intelligence Black Box and the Failure of Intent and Causation», *Harvard Journal of Law and Technology*, 31, 2018.

BAYÓN, J.C., «¿Por qué es derrotable el razonamiento jurídico?» *DOXA*, 24, 2001.

BELLOSO, N., «La problemática de los sesgos algorítmicos (con especial referencia a los de género). ¿Hacia un derecho de protección contra los sesgos?» En Llano, F., *Inteligencia Artificial y Filosofía del Derecho*. Murcia, Ediciones Laborum, 2022.

BELLOSO, N., «Sobre Fairness y Machine Learning: El algoritmo ¿puede y debe ser justo?» *Anales de la Cátedra Francisco Suárez*, 57, 2023.

BELZUNEGUI-ERASO, A., «Formas de consciencia, Inteligencia Artificial y nuevos retos para la Sociología», *methaodos.revista de ciencias sociales*, 2020, 8 (1): 91-102.

BENCH-CAPON, T. / ATKINSON, K., «Legal Case-based reasoning as practical reasoning», en *Artificial Intelligence & Law*, 13, 2006.

BENCH-CAPON, T. / CHORLEY, A., «AGATHA: Automation of the Construction of Theories in Case Law Domains». ICAIL «05: Proceedings of the 10th international conference» on Artificial intelligence and law, June 2005.

BENCH-CAPON, T. / CHORLEY, A., «AGATHA: Using heuristic search to automate the construction of case law theories», *Artificial Intelligence and Law*, 13, 2006.

BENCH-CAPON, T. / HENDERSON, J., «Modelling Case Law Dynamics with Dialogue Moves»,

BENCH-CAPON, T. / MOGDIL, S., «Norms and value based reasoning: justifying compliance and violation», *Artificial Intelligence Law*, 25, 2017.

BENCH-CAPON, T / ATKINSON, K., «Relating the ANGELIC Methodology and ASPIC+», en *Frontiers in Artificial Intelligence and Application. Computational Models of Argument*, vol. 305, IOS Press, 2018.

BENCH-CAPON, T. / ATKINSON, K., «Reasoning with Legal Cases: Analogy or Ruel Application?» ICAIL´19, June, 1021 Canadá.

BENCH-CAPON, T., «Before and After Dung Argumentation in AI and Law», *Argumentation and Computation*, 11, 2020.

BENCH-CAPON, t. / ATKINSON, K. / MUNFORD, J., «Machine Learning and Legal Argument», *Proceedings of the 21st CNMA Workshop. CEU Workshop Proceedings*, vol. 2937, 2021.

BERMAN, D.H. / HAFNER, C., «Representing Teleological Structure in Case-Based Legal Reasoning: The Missing Link», en ICAIL «93: Proceedings of the 4th international conference on Artificial intelligence and Law. August 1993.

BENYEKHLEF, K. / DUASO, R., «Ciberjusticia, métodos alternativos de resolución de controversias y tecnologías», en QUADRA-SALCEDO, T. / PIÑAR, J.J. (Dirs.), *Sociedad digital y derecho*. Madrid, BOE, 2018.

BOBBIO, N., «Formalismo giuridico», en ÍD., *Giusnaturalismo e positivismo giuridico*. Milán, Edizione di Comunità, 1977.

BODANZA, G., «La argumentación en las decisiones sociales. Limitaciones lógicas para la democracia deliberativa», *Teorema*, 39, 2020.

BODEN, M., «Computer Models of Creativity», *AI Magazine*, 2009.

BODEN, M., *Inteligencia artificial*. Turner, 2017.

BORGES, R., «El sesgo de la máquina en la toma de decisiones en el proceso penal», *Ius et Scientia*, 6, 2020.

BOSCH, A. / CASAS, J. / LOZANO, T., *Deep Learning. Principios y fundamentos*, Barcelona, UOC, 2019.

BOURCIER, D., *Inteligencia artificial y derecho*. Barcelona, UOC, 2003.

BRANTING, K., Data-centric and logic-based models for automated legal problem solving», *Artificial Intelligence Law*, 25, 2017.

Bringsjord, Selmer and Naveen Sundar Govindarajulu, «Artificial Intelligence», *The Stanford Encyclopedia of Philosophy* (Fall 2022 Edition), Edward N. Zalta & Uri Nodelman (eds.), URL = <https://plato.stanford.edu/archives/fall2022/entries/artificial-intelligence/>

BROERSEN, J. / VAN DER TORRE, L., «Ten Problems of Deontic Logic and Normative Reasoning in Computer Science», BEZHANASVILLI, N. / GORANKO, V. (Eds.), *Lectures on Logic and Computation*. Berlín / Heidelberg, Springer, 2012.

BRÜGGEMANN, J., *Die richterliche Begründungspflicht. Verfassungsrechtliche Mindestanforderungen an die Begründung gerichtliche Entscheidungen*, Berlín, Duncker & Humblot, 1971.

BÜLH, W.L. «Grenzen der Autopoiesis». *Kölner Zeitschrift für Soziologie und Sozialpsychologie*, 39, 1987, pp. 1-32.

BURRELL, J., «How the machine thinks: Understanding opacity in machine learning algorithm», *Big Data & Society*, 2016.

BUNGE, M., *Ontología II. Un mundo de sistemas*. Trad. de R González, Barcelona, Gedisa, 2012.

CAMPOS, C., «*Compliance* y tecnología como herramientas de mejora de la función pública: inteligencia artificial y toma de decisiones», *Presupuesto y Gasto Público*, 100, 2020.

CANALS, D., «El proceso normativo ante el avance tecnológico y la transformación digital (Inteligencia Artificial, redes sociales y datos masivos)», *Revista General de Derecho Administrativo*, 50 (2019).

CANARIS, C.W., *Systemdenken und Systembegriff in der Jurisprudenz*. Berlín, Duncker & Humblot, 1969.

CARABANTES, M., *Inteligencia artificial. Una perspectiva filosófica*. Madrid, Escolar y mayo, 2016.

CARPINTERO, F, «En torno al método de los juristas medievales», *Anuario de Historia del Derecho Español*, 52, 1982.

CARPINTERO, F., *Derecho y ontología jurídica*, Madrid, Actas, 1994.

CARPINTERO, F., *La crisis del Estado en la edad Posmoderna*, Cizur Menor, Thomson Aranzadi, 2012.

CARPINTERO, F., *El método del derecho en el cambio científico del siglo XX*, Madrid, Dykinso, 2018.

CASANOVAS, P., «Inteligencia artificial y derecho: a vuelapluma», *Teorder*, 7, 2010.

CASTILLA, M., «¿Qué queda hoy de la Resolución del Parlamento Europeo de 20 de octubre de 2020 sobre un régimen de responsabilidad civil en materia de Inteligencia Artificial», en CERVILLA, M.ª D. / BALLESTEROS, A., *Temas actuales de Derecho Privado II*, Cizur Menor, Aranzadi, 2023.

CECI, M., «Combining Ontologies and Rules to Model Judicial Interpretation», Conferencia: ECAI 2012 RuleML Doctoral Consortium, Montpellier.

CERRILLO, A., «El impacto de la IA en las Administraciones Públicas: Estado de la cuestión y una agenda», en PERERA, M. / CERRILLO, A. (Eds.), *Retos jurídicos de la IA*. Cizur Menor, Aranzadi, 2020.

CHAMORRO, J.M., *Positivismos y antipositivismos. La herencia del siglo XX*. Servicio de Publicaciones de la Universidad de La Laguna, 2009.

COING, H., *Die juristischen Auslegungsmethoden*. Colonia, Westdeutscher Verlag, 1959.

CORVALÁN, J.G., «Inteligencia artificial, GPT-3, PretorIA y oráculos algorítmicos en el derecho», *International Journal of Digital Law*, 1, 2020.

COUNCIL OF EUROPE. COMITÉ DE EXPERTOS EN INTERMEDIARIOS DE INTERNET, «Algorithmus and Human Rights. Study on the human rights dimensions of automated data procesing techniques and posible regulatory implications», DGI, 12, 2017.

CRESPO, E.D., «Libertad de voluntad, investigación sobre el cerebro y responsabilidad penal», *InDret*, 2011.

CROOTOF, R., «Structuring TechLaw», *Harvard Journal of Law & Technology*, 34, 2021.

CRUZ, J., *Intelecto y razón*, EUNSA, Pamplona, 2009.

DE LUCA, G.B., *Theatrum Veritatis et Iustitia*. Venecia, 1734.

DANKS, D., «Learning», FRANKISH, K. / RAMSEY, W.M. (EDS.), *The Cambridge Handbook of Artificial Intelligence*, Cambridge, Cambridge University Press, 2014 (reimpr., 2018).

DESAI, D. R. / KROLL, J. A.; «*Trust* but Verify: A Guide to Algorithms and the Law, *Harvard Journal of Law and Technology*», 31, 2017.

DREYFUS, H., *Alchemy and Artificial Intelligence*, 1965.

DU SAUTOY, M., *Programados para crear*. Trad. de E.J. Gómez Ayala. Barcelona, Acantilado, 2020.

DUNG, P.M., «On the acceptability of arguments and its fundamental role in nonmonotonic reasoning, logic programming and n-person game», *Artificial Intelligence*, 77, 1995.

DURT, C., «Artificial Intelligence and Its Integration into the Human Lifeworld», en VOENEKY, S. / KELLMEYER, P. / MUELLER, O. / BURGARD, W. (EDS.), *The Cambridge Handbook of Responsible Artificial Intelligence*, Cambridge, Cambridge University Press, 2022.

VAN EEMEREN, F.H. / VERHEIJ, B., «Argumentation Theory in Formal and Computational Perspective», *Journal of Logics and their Applications*, 8, 2017.

ENGISCH, K., *Logische Studien zur Gesetzesanwendung*. Heidelberg, Carl Winter, 1943.

ENGISCH, K., *Die Idee der Konkretisierung in Recht und Rechswissenschaft unserer Zeit*, Heidelberg, Carl Winter, 1953.

ENGISCH, K., «Wahrheit und Richtigkeit im juristischen Denken», en ROELLECKE, S. (Ed,), *Rechtsphilosophie oder Rechtstheorie?* Darmstadt, Wissenschaftliche Buchgesselschaft, 1988.

ESSER, J., *Principio y norma en la elaboración jurisprudencia del Derecho Privado*. Trad, de E. Valentí. Barcelona, Bosch, 1961.

ESTEVE PARDO, J., *El desconcierto del Leviatán. Política y derecho ante las incertidumbres de la ciencia*. Madrid, Marcial Pons, 2009.

FARBER, D.L., «The Inevitability of Practical Reason: Statutes, Formalism, and the Rule of Law», *Vanderbilt Law Review*, 45, 1992.

FELTRERO, R., «Ética de la computación: principios de funcionalidad y diseño», *Isegoría*, 34, 2006.

FINNIS, J., «Natural Law and Legal Reasoning», en GEORGE, R.P. (ed.), *Natural Law Theory. Contemporary Essays*. Clarendon Press, Oxford, 1995, pp. 148 y ss.

FINNIS, J., «Practical Reason's Foundations», en FINNIS, J., *Reason in Action. Collected Essays*. Vol. I, Oxford, Oxford University Press, 2013.

FINNIS, J., «Objectivity and Content in Ethics», en FINNIS, J., *Reason in Action. Collected Essays*. Vol. I, Oxford, Oxford University Press, 2013.

FLORIDI, L. y otros, «An Ethical Framework for a Good AI Society: Opportunities, Risks, Principles, and Recommendations».

FLORIDI, L., «The End of an Era: from Self-Regulation to Hard Law for the Digital Industry», *Philosophy & Technology*, 34, 2021.

FREY, G., *La matematización de nuestro universo*. Trad. de J. Barrio, G. del Toro, Madrid, 1972.

FUCHS, E., «Freirechtlerei und soziologische Rechtslehre», *Deutschen Richterzeitung*, 1910.

GADAMER, H.G., «Hermeneutik als praktische Philosophie», en RIEDEL, M. (ED.), *Rehabilitierung der praktischen Philosophie*, Friburgo, Rombach, 1972.

GADAMER, H.G., *Verdad y método. Fundamentos de una hermenéutica filosófica*. Trad. de A. Agud y R. de Agapito. Sígueme, Salamanca, 1977.

GADAMER, H.G., *Verdad y método II*, Salamanca, Sígueme, 1992.

GAMERO, E. / PÉREZ GUERRERO, F.L. (DIRS.), *Inteligencia artificial y sector público*. Valencia, Tirantlo Blanch, 2023.

GANGEMI, A., *Design Patterns for Legal Ontology Constructions*, Conference Paper.

GARCÍA AMADO, J.A., *Teorías de la tópica jurídica*. Madrid, Civitas, 1988.

GARCÍA AMADO, J.A., «¿Qué es ponderar? Sobre implicaciones y riesgos de la ponderación», *Revista Iberoamericana de Argumentación*, 13, 2016.

GARCÍA AMADO, J.A., *Razonamiento jurídico y argumentación. Nociones introductorias*. Eolas, León, 2020.

GARRIDO, A., *Lógica aplicada. Vaguedad e incertidumbre*. Dykinson, Madrid, 2014.

GASCÓN, M., en GARCÍA AMADO / BONORINO, P.R., *Prueba y razonamiento probatorio en el derecho*, Granada, Comares, 2014.

GÉNOVA, G., «Máquinas computacionales y conciencia artificial», *Naturaleza y libertad*, 7, 2016.

GÉNOVA, G. / QUINTANILLA, J., «Discovering the Principle of Finality in Computational Machines», *Found Sci*, 23, 2018.

GENY, F., *Méthode d´interpretation et sources en Droit Privé Positif* (2ª ed), Librairie Générale de Droit et de Jurisprudence, París, 1954.

GIDDENS, A., *Las nuevas reglas del método sociológico*. Trad. S. Merc. Buenos Aires / Madrid, Amorrortu, 2007.

GONZÁLEZ, A.M., *Claves de ley natural*, Rialp, Madrid, 2006.

GONZÁLEZ, G., *Dialéctica escolástica y lógica humanista de la Edad Media al Renacimiento*. Salamanca, Ediciones de la Universidad de Salamanca, 1987.

GONZÁLEZ LAGIER, D., «¿La tercera humillación? Sobre neurociencia, filosofía y libre albedrío», *DOXA*, 35, 2012.

GONZÁLEZ LAGIER, D. «Tres retos de la neurociencia para el Derecho Penal», *Anuario de Filosofía del Derecho* 24, 2018.

GORDON, T., «Combining Rules and Ontologies with Carneades», en *Proceedings of the 5th International RuleML2011@BRF Challenge*, CEUR Workshop Proceedings, pp. 103-110 (2011).

GRIFFO, C. / ALMEIDA, J.P.A / GUIZZARDI, G., «Towards a Legal Core Ontology Based on Alexy´s Theory of Fundamental Rights», Conference Paper 2016.

GUNKEL, D.J., *Robot Rights*, Cambridge, Mass., MIT Press, 2018.

HABA, E.P., *Entre tecnócratas y wishful thinkers. La visión «misionera» de las ciencias sociales (inclusive su adaptación como neoliberalismo)*, Granada, Comares, 2010.

HABERMAS, J., *Conciencia moral y acción comunicativa*. Trad. de R. García Cotarelo. Península, Barcelona, 1985.

ID., *Perfiles filosóficos políticos*. Trad. de M. Jiménez. Madrid, Taurus, 1986.

ID., *Teoría de la acción comunicativa I*. Trad. de M. Jiménez Redondo. Taurus, Madrid, 1987,

HAFT, F., «Sobre el sentido de la justicia», *Persona y Derecho*, 47, 2002**

HEIDEGGER, M., *La pregunta por la cosa*. Trad. de E. García y Z. Zsankay. Alfa, Buenos Aires, 1975.

HEIDEGGER, M., *La idea de la filosofía y el problema de la concepción del mundo*. Trad. J. Adrián Escudero. Barcelona, Herder, 2005.

HEIDEGGER, M., *Ontología: hermenéutica de la facticidad*. Trad. de J. Aspiunza. Madrid, Alianza, 2008.

HERGET, J., *American Jurisprudence, 1870-1970: A History*, Houston, Rice Uniersity Press, 1990.

HEROLD, V., *Demokratische Legitimation automatisiert erlassener Verwaltungs-kate*. Berlín, Duncker & Humblot, 2020.

HOEREN, TH. / BOHNE, M., «Rechtsinformatik Von der mathematischen Strukturtheorie zur Integrationsdisziplin», en TRAUMMÜLLER, R. / WIMMER, M. (Eds.), *Informatik in Recht und Verwaltung: Gestern-Heute--Morgen. Gesellschaft für Informatik*, Bonn, 2010.

HORTY, J., «Reasoning with Dimensions and Magnitudes», *Artificial Intelligence & Law*, 27, 2019.

HUERGO, A., «Administraciones Públicas e Inteligencia Artificial: ¿Más o menos discrecionalidad?» *El Cronista del Estado Social y Democrático de Derecho*, 96-97, 2021.

INCIARTE, F., *El reto del positivismo lógico*, Madrid, Rialp, 1974.

JEFFREY, R.C., *Lógica formal. Su alcance y sus límites*. Trad. de A. D'Ors, Pamplona, EUNSA, 1986.

JIMÉNEZ, A., «"Gleichartigkeit" y "Anwendung" en la *Crítica de la razón pura* de Kant», *Daimon*, 67, 2016.

KARNOUKOS, S., «Symbiosis with artificial intelligence via the prism of law, robots and society», *Artificial Intelligence and Law*, 30, 2022.

KAUFMANN, A., *Beiträge zur Juristischen Hermeneutik*. Colonia, Carl Heymans, 1984.

KAUFMANN, A., «Generalisierung und Individualisierung im Rechtsdenken», *Archiv für Rechts-und Sozialphilosophie*, 45, 1992.

KAUFMANN, A. / GIL ALUJA, J., *Técnicas operativas de gestión para el tratamiento de la incertidumbre*, Editorial Hispano Europea, 1987.

KLUG, U., *Juristische Logik*, Berlín, Springer, 1982.

KRIELE, M., *Theorie der Rechtsgewinnung*, Berlín, Duncker & Humblot, 1976.

KRONMAN, A., «Alexander Bickel's Philosophy of Prudence», *The Yale Law Journal*, 94, 1985.

KURZWEIL, R., *La Singularidad está cerca*. Trad. C. García. Lola Books, Berlín, 2012.

LADEUR, K-H., *Postmoderne Rechtstheorie*, Berlín, Duncker & Humblot, 1996.

LAPORTA, F., *Certeza y predecibilidad de las relaciones jurídicas*, Madrid, Fundación Coloquio Jurídico Europeo, 2009.

LARENZ, K., «Wegweiser im richterliche Rechstfindung», en *Festschrift für A. Nikisch*. Tubinga, J.C.B. Mohr (Paul Siebeck), 1958.

LARENZ, K., *Metodología de las Ciencia del Derecho*. Trad. de M. Rodríguez Molinero. Barcelona, Ariel, 1994.

LEGAZ Y LACAMBRA, L., «Lógica formal y lógica razonable en la lógica jurídica», *Anuario de Filosofía del Derecho*, 18, 1975.

LENAT, D.B., «CYC: Using common sense Knowledge to overcome Brittleness and Knowledge Adquisition Bottleneck», *AI Magazine*, 1986.

LIVINGSTON, M.A., «Postmodernism Meets Practical Reason», *The Yale Law Journal*, 107, 1998.

LLANO, A., *Gnoseología*. EUNSA, Pamplona, 1984.

LLANO, F., *Homo excelsior. Los límites ético-jurídicos del transhumanismo.* Valencia, Tirant, 2018.

LLANO, F., «Ética de la IA en el nuevo marco jurídico de la UE», en BARONA, S. (Ed.), *Justicia algorítmica y neuroderecho. Una mirada multidisciplinar.* Valencia, Tirant, 2021.

LLEWELLYN, K.N., «A Realistic Jurisprudence-The Next Step», *Jurisprudence. Realism in Theory and Practice.* Chicago, University of Chicago Press, 1962.

LOGGIA, A. / MATTEI, N. / ROSSI, F. / VENABLE, K.B., «Modelling and Reasoning with Preferences and Ethical Priorities in AI Systems», en *Ethics of Artificial Intelligence Systems*, Oxford University Press, 2018.

LOMBARDI, L., *Saggio sul diritto giurisprudenziale*. Giuffrè, Milán, 1975.

LÓPEZ CORREDOIRA, M., «Del hombre-máquina a la máquina-hombre: Materialismo, mecanicismo y transhumanismo», *Naturaleza y Libertad*, 12, 2019.

LÓPEZ DE MÁNTARAS, R., «Algoritmos creativos», *ARBOR*, 189, 2013.

LÓPEZ DE MÁNTARAS, R. Y OTROS, «Qualitative Case-Based Reasoning for Humanoid Robot Soccer: A New Retrieval and Reuse Algorithm», en *Case-Based Reasoning Research and Development. ICCBR, Lecture Notes in Computer Science*, 9969, 2016.

LÓPEZ DE MÁNTARAS, R. Y OTROS, «The Argumentative Mediator», *Proc. of the European Conference on Multi-Agent Systems (EUMAS) and the International Conference on Agreement Technologies (AT)*, Valencia, 2016 *.

LÓPEZ DE MÁNTARAS, R. Y OTROS, «Answer Set Programming for Non--Stationary Markov Decision Processes», *Applied Intelligence*, 47, 2017.

LÓPEZ DE MÁNTARAS, R. Y OTROS, «Retrieving and reusing qualitative cases: An application in the humanoid robot soccer», *AI Communications*, 30. 2017.

LÓPEZ DE MÁNTARAS, R. / MESEGUER, P., *Inteligencia artificial*. Madrid, CSIC, 2020.

LÓPEZ MORATALLA, N., *Inteligencia artificial, ¿conciencia artificial?* Madrid, Digital Reasons, 2021.

LOWENS, E., «Accuracy is not Enough: The Task Mismatch Explanatiion of Algorithm Aversion and Its Policy Implications», *Harvard Journal of Law & Technology*, 34, 2020.

LUHMANN, N., *Fin y racionalidad en los sistemas*. Trad. de J. Nicolás, Madrid, Editora Nacional, 1983.

LUHMANN, N., *Complejidad y modernidad: De la unidad a la diferencia*, Trad. J.M. García Blanco, Madrid, Trotta, 1998.

MACORMICK, N., *Rhetoric and the Rule of Law A Theory of Legal Reasoning*, Oxford, Oxford University Press, 2005.

MCCARTHY, J., «Programs with Common Sense», 1959.

MCCARTHY, J. / BUBAC, S., «Formalizing Context (Expanding Notes)», en *Computing Natural Language*. Stanford Unversity, 1997.

MCCARTHY, J., «Free Will-Even for Robots», *Journal of Experimental and Theoretical AI*, 2000. MALO, N., «Una primera aproximación al uso de la Inteligencia Artificial como apoyo en el proceso legislativo», *Ius et Scientia* 7 (2) (2021).

MANCHA, P., *Teoría de la complejidad, caos y derecho, una lectura jurídica de las dinámicas emergentes y no lineales*. Madrid, Marcial Pons, 2017.

MARTÍNEZ GARAY, L., «Peligrosidad, algoritmos y *Due process*: El caso State v. Loomis», *Revista de Derecho Penal y Criminología*, 20, 2018.

MARTÍNEZ GARCÍA, J.I., «Inteligencia y derechos humanos en la sociedad digital», *Cuadernos Electrónicos de Filosofía del Derecho*, 40, 2019.

MAUDET, N. / PARSONS, S. / RAHWAN, I., «Argumentation in Multi-Agent Systems: Context and Recent Developments». Conference Paper, 2006.

MAZZARESE, T., «Lógica borrosa y decisiones judiciales: el peligro de una falacia racionalista», *Doxa*, 19, 1996.

MEDVEDEVA, M. (Y OTROS), «Using machine learning to predict decisions of the European Court of Human Rights», *Artificial Intelligence and Law*, 28, 2020.

MEGÍAS, J.J., «Derechos Humanos e Inteligencia Artificial», *Dikaiosyne*, 37, 2022.

MICHAEL, L., *Der allgemeine Gleichheitslehre als Methodennorm komparativer Systeme*, Berlín, Duncker & Humblot, 1997.

MIRA, J., «La Inteligencia Artificial como ciencia y como ingeniería», FERNÁNDEZ, A. / MIGUEL, S., *50 años de la IA*, Albacete, EVI, 2006.

MIRÓ LLINARES, F., «Inteligencia Artificial y Justicia Penal: Más allá de los resultados lesivos causados por robots», *Revista de Derecho Penal y Criminología*, 20, 2018.

MISSELHORN, C., «Artificial Moral Agents: Conceptual Issues and Ethical Controversy», en *The Cambridge Handbook of Responsible IA*. Cambridge University Press, 2018.

MOLINA, F., Presupuestos de la responsabilidad jurídica (análisis de la relación entre libertad y responsabilidad), *ADPCP*, 53, 2000.

MONASTERIO, A., «Ética algorítmica: Implicaciones éticas de una sociedad cada vez más gobernada por algoritmos», *Dilemata*, 9, 2017.

MONASTERIO, A. (Y OTROS), «Traducir el pensamiento en acción: Interfaces cerebro-máquina y el problema ético de la agencia», *Revista de Bioética y Derecho*, 46, 2019.

MONTORO, A., «Ética y técnica en el derecho», *Anuario de Derechos Humanos*, 6, 2005.

MORA, F., *¿Cómo funciona el cerebro?* Madrid, Alianza, 2002.

MORA, F., «Cerebro, emoción y naturaleza humana», en Mora, F., *El cerebro sintiente*. Barcelona, Ariel, 2004.

MORA, F., *Neurocultura*. Madrid, Alianza, 2007.

MORGADO, I., «Emoción, recompensa y castigo», en Mora, F., *El cerebro sintiente*. Barcelona, Ariel, 2004.

NARVÁEZ MORA, M., «El impacto de la Neurociencia sobre el derecho: el caso de la responsabilidad subjetiva», *Revista Telemática de Filosofía del Derecho*, 15, 2012.

NAVAS, A., «Derecho e Inteligencia Artificial desde el diseño. Aproximaciones», en NAVAS, S. (Dir.), *Inteligencia Artificial, tecnología y derecho*. Valencia, Tirant lo Blanc, 2017.

NIEVA FENOLL, J., *Inteligencia artificial y proceso judicial*. Madrid, Marcial Pons, 2018.

NIEVA, J., «Perder el control digital: ¿hacia una distopía judicial?» *Actualidad Civil*, 4 (2023).

OLIPHANT, H., «Stare Decisis-Continued», *American Bar Association Journal*, 13, 1923.

OLLERO, A., *¿Tiene razón el derecho?* Madrid, Congreso de los Diputados, 1996.

ORÓN J.V. / SÁNCHEZ-CAÑIZARES, J. «¿Es posible la reducción epistemológica? Todo sistema necesita presupuestos *extra*-sistémicos», *Anuario Filosófico*, 50, 2017.

OST, F., «Between Order and Disorder. The Game of Law», en TEUBNER, G. (ed.), *Autopoietic Law: A New Approach to Law and Society*. Berlín / Nueva York, De Gruter, 1988.

OTTE, G., *Dialektik und Jurisprudenz*. Frankfurt, Vittorio Klostermann, 1971.

PADIAL, J.J., «Técnicas de programación "Deep Learning": ¿Simulacro o realización artificial de la inteligencia?», *Naturaleza y libertad*, 12, 2019.

PARDO, M. / PATTERSON, D., «Fundamentos filosóficos del derecho y la neurociencia», *InDret*, 2011.

PARDO, M. / PATTERSON, D., *Minds, Brains and Law*. Oxford University Press, 2013.

PELAYO, A., «TIC, Inteligencia Artificial y crisis de la democracia», en SOLAR CAYÓN, J.I. (Ed.), *Dimensiones éticas y jurídicas de la Inteligencia Artificial en el marco del Estado de Derecho*, Universidad de Alcalá de Henares, 2021.

PERELMAN, C., «Droit et morale» en ID, *Justice et raison*, Bruselas, Universidad de Bruselas, 1972.

PERELMAN, C., *Droit, morale et philosophie*, París, Librairie Generale de Droit et Jurisprudence, 1976.

PERERA, M., «En búsqueda de un marco normativo para la IA», en PERERA, M. / CERRILLO, A. (Eds.), *Retos jurídicos de la IA*. Cizur Menor, Aranzadi, 2020.

PÉREZ MANZANO, M., «El tiempo de la consciencia y la libertad de decisión. Bases para una reflexión sobre Neurociencia y responsabilidad penal», *DOXA*, 35, 2012.

RACIONERO, Q., *Introducción* a trad. de *Retórica* de Aristóteles. Madrid, Gredos, 1990.

RECASÉNS SICHES, L., «The Logic of the Reasonable as Differentiated from the Logic of the Rational (Human Reason in the Making and the Interpretation of the Law)», en NEWMAN, R.A. (Ed.), *Essays in Honor of Roscoe Pound*. Indianapolis / New York, Bobbs-Merrill Co. Inc., 1962.

PALAU, G., «Lógica natural e IA», FERNÁNDEZ, A. / MIGUEL, S., *50 años de la IA*, Albacete, EVI, 2006.

PANDZIC, S., «A logic of defeasible argumentation: Constructing arguments in justification logic», *Argumentation & Computation*, 13, 2022.

PECZENIK, A., *Grundlagen der juristischen Argumentation*. Berlín, Springer, 1987.

PELAYO, A., «TIC, Inteligencia Artificial y crisis de la democracia», en SOLAR CAYÓN, J.I. (Ed.), *Dimensiones éticas y jurídicas de la Inteligencia Artificial en el marco del Estado de Derecho*. Universidad de Alcalá de Henares, 2021*.

PÉREZ ÁLVAREZ, M., *El mito del cerebro creador*. Madrid, Alianza, 2022.

PHILIPPS, l., Ein bisschen Fuzzy Logic für Juristen

PHILIPPS, L., «Unbestimmte Rechtsbegriffe und Fuzzy Logic», en (HAFT, F. / HASSEMER, W. / NEUMANN, U. / SCHILD, W. / SCHROTH, U. (Eds.), *Strafgerechtigkeit. Festchrift für Arthur Kaufmann zum 70. Geburtstag*. Heidelberg, C.F. Müller, 1993.

PHILIPPS, L., «Kompensatorische Verknüpfungen in der Rechstanwendung-ein Fall für Fuzzy Logic», en MARTINEK, M. / SCHMIDT, J. / WADLE, E. (Eds.), *Vestigia Iuris. Festchrift für Günther Jahr zum siebzigsten Geburtstag*. Tubinga, J.C.B. Mohr, 1993.

PLATÓN, *Gorgias*, en *Diálogos. Vol. II*. Trad. de J. Calonge, E. Acosta, F.J. Olivieri, J.L. Calvo. Madrid, Gredos, 1983 (reimpr. 1992).

PRAKKEN, H. / SARTOR, G., «A Dialectical Model of Assessing Conflicting Arguments in Legal Reasoning», *Artificial Intelligence and Law*, 4, 1996.

PRAKKEN, H., Legal reasoning: computational models. *International Encyclopedia of the Social and Behavioural Sciences, ed., JD Wright, Elsevier Ltd, Oxford*, 2015.

Prakken, H., «Logical models of legal argumentation», en Knauff, M. / Spohn, W. (eds.), *The Handbook of Rationality*. Cambridge, MA, MIT Press, 2021.

PRAKKEN, H. / RATSMA, R., «A top-level model of case-based argumentation for explanation: Formalisatioin and experiments», *Argumentation & Computation*, 13, 2022.

PRAKKEN, H. / BEX, F. / RENOOIJ, S. / WIETEN, R., «Deductive and abductive argumentation based on information graphs», *Argument & Computation*, 13, 2022.

PROKESOVA, E., «What Is Moral Agency of Artificial Intelligences Agents?», en ROMPORTL, J. (y otros), *Beyond AI: Interdisciplinary Aspects of Artificial Intelligence*, University of West Bohemia, Pilsen, 2011.

RAGEL, C. (Ed.), *Los robots y el derecho*. Barcelona, Reus, 2018.

RAHMAN, M Y OTROS, «Cross-issue correlation based opinión prediction in cyber argumentation», *Argument & Computation*, 3, 2022.

RAILSTON, P., «Ethical Learning, Natural and Artificial».

RAZ, J., *Razón práctica y normas*. Trad. J. Ruiz Manero. Madrid, Centro de Estudios Constitucionales, 1991.

REMUS, D. / LEVY, F., «Can Robots Be Lawyers?» *Georgetown Journal of Legal Ethics*, 30, 2012.

ROBLES, G., *Teoría comunicacional del Derecho*. Tres vols. Cizur Menor, Thomson Aranzadi.

RODRÍGUEZ, R., *La transformación hermenéutica de la fenomenología*. Madrid, Tecnos, 1997.

RODRÍGUEZ LLUESMA, C., «Seguir una regla y conocimiento práctico», *Anuario Filosófico*, 18, 1995.

ROIG, A., *Las garantías frente a las decisiones automatizadas*. Barcelona, Bosch, 2020.

ROSS, A., *Kritik der sogennanten praktischen Erkenntnis*, Felix Meiner, Leipzig, 1933.

ROSSI, P. *Clavis Universalis. Arti della memoria e lógica combinatoria da Lullo a Leibniz*. Bolonia, Il Mulino, 1983.

ROTOLO, A. / GOVERNATORI, G. / SARTOR, G., *ICAIL* «15 *Proceedings of the 15th International conference on artificial intelligence and law*», New York: ACM New York, 2015.

ROYAL SOCIETY, *Machine Learning: the power and promise of computers that learn by example*. 2017. DES4702.

RUBÍ, A., «Retos de la IA y adaptabilidad del derecho de daños», en CERRI-LLO, A. / PEGUERA, M. / ANGLÉS, B. (Eds.), *Retos jurídicos de la Inteligencia Artificial*, Cizur Menor, Aranzadi, 2020.

RUIZ MIGUEL, A., «Del dúctil derecho y la virtuosa necesidad», *Anuario de Filosofía del Derecho*, 13, 1996.

RUMPF, M., *Gesetz und Richter. Versuch einer Methodik der Rechtsanwendung*. Berlín, Otto Lichmann, 1906.

SÁNCHEZ HIDALGO, A., «Neuro-evolucionismo y deep machine learning: nuevos desafíos para el derecho», *Journal of Ethics and Legal Technologies*, 1, 2019.

SÁNCHEZ HIDALGO, A., «Reflexiones en torno a la personalidad electrónica de los robots», en Llano, F. (Dir.), *Inteligencia Artificial y Filosofía del Derecho*, Murcia, Ediciones Laborum, 2022.

SCHEUTZ, M., «Artificial emotions and machine consciousness», en KEITH, F. / RAMSEY, W.M., *The Cambridge Handbook of Artificial Intelligence*, Cambridge University Press, 2014.

SCHNEIDERMANN, B., *Human-Centered AI*, Oxford, Oxford University Press, 2022.

SCHRECKENBERGER, W., *Semiótica del discurso jurídico*, trad. de E. Garzón Valdés, México, UNAM, 1987.

SEARLE, J., «Minds, brain and programs», *The Behavioral and Brain Sciences*, 3, 1980.

SEARLE, J., *Actos de habla*. Trad. L.M. Valdés, Madrid, Cátedra, 1980.

SECADES, A., *Teoría de la argumentación e IA: Uso de modelos computacionales en la evaluación de modelos teóricos de argumentación*. Tesis doctoral inédita. Universidad de Granada, 2017.

SERRANO, M. / FERNÁNDEZ, C., «Derecho Constitucional e Inteligencia Artificial», LLEDÓ, F. / BENÍTEZ, I. / MONJE, O. (Dirs.), *La robótica y la inteligencia artificial en la nueva era de la revolución industrial 4.0*, Madrid, Dykinson, 2021.

SOLAR CAYÓN, J.I., *La inteligencia artificial jurídica*, Thomson Reuters / Aranzadi, Cizur Menor, 2019.

SOLAR CAYÓN, J.I., «Inteligencia artificial en la justicia penal: los sistemas algorítmicos de evaluación de riesgos», en SOLAR CAYÓN, J.I. (Ed.), *Dimensiones éticas y jurídicas de la Inteligencia Artificial en el marco del Estado de Derecho*. Universidad de Alcalá de Henares, 2021*.

SOLAR CAYÓN, J.I., «Retos de la Deontología de la Abogacía en la era de la Inteligencia Artificial Jurídica», *Derechos y Libertades*, 45, 2021**.

SOLAR CAYÓN, J.I., «Inteligencia Artificial y justicia digital», en Llano, F. (Dir.), *Inteligencia Artificial y Filosofía del Derecho*, Murcia, Ediciones Laborum, 2022.

SOTO, L., «La importancia de la transparencia algorítmica en el uso de la inteligencia artificial por la Administración tributaria», *Crónica Tributaria*, 179, 2021.

SOURDIN, T., «Judge vs. Robot? Artificial Intelligence and Judicial Decision-Making», *UNSW Law Journal* 41, 2018.

STAHL, B.C., *Artificial Intelligence for a Better Future*. Springer, 2021.

STRAWSON, P.F., *Analysis and Metaphysics. An Introduction to Philosophy*. Oxford University Press, Oxford, 1992 (reprint de 2006).

TALLIN, J. / NGO, R., «Automating Supervision of AI Delegates», en VOENEKY, S. / KELLMEYER, P. / MUELLER, O. / BURGARD, W. (Eds.), *The Cambridge Handbook of Responsible Artificial Intelligence*, Cambridge, Cambridge University Press, 2022.

TAMAYO, S., «Los robots como entes jurídicos», en SOLAR, J.I., *Dimensiones éticas y jurídicas de la inteligencia artificial en el marco del Estado de Derecho*. Madrid, Universidad de Alcalá / Defensor del Pueblo, 2020.

TEUBNER, G., *Il diritto come sistema autopoietico*. Milán, Giuffrè, 1996.

TOULMIN, ST., *The Uses of Argument*, Cambridge, Cambridge University Press, 1958. (Ed. de 1964).

VV.AA., «One Explanation Does Not Fit All: A Toolkit and Taxonomy of AI Explainability Techniques», arXiv:1909.03012, 2019.

VAN EEMEREN, F. / VERHEIJ, B., «Argumentation Theory in Formal and Computational Perspective», *Journal of Logics & their Application*, 4, 2017.

VATTIMO, G., *Ética de la interpretación*. Trad. T. Oñate, Paidós, Barcelona, 1991.

ID., *Más allá del sujeto. Nietzsche, Heidegger y la hermenéutica*. Trad. J.C. Gentile. Paidós, Barcelona, 1992.

ID, *Más allá de la interpretación*. Trad. de P. Aragón, ICE Universidad Autónoma de Barcelona / Paidós, 1995.

VEALE, M. / BRASS, I., «Administration by Algorithm? Public Mangement Meets Public Sector Machine Learning», en YEUNG, K. / LODGE, M., *Algorithmic Regulation*, Oxford, Oxford University Press, 2019.

VELASCO, J.C., «El lugar de la razón práctica en los discursos de aplicación de normas jurídicas», *ISEGORÍA*, 1999.

VERHEIJ, B., «Formalizing value-guided argumentation in ethical systems designs», *Artificial Intelligence Law*, 24, 2016.

VERHEIJ, B., «Artificial Intelligence as Law. Presidential Discourse», *Artificial Intelligence & Law*, 28, 2020.

VIEHWEG, T., *Tópica y jurisprudencia*, trad. de L. Díez-Picazo, Madrid, Taurus, 1986.

VIEHWEG, T., *Tópica y filosofía del derecho*, Barcelona, Gedisa, 1991.

VILLALBA NICUESA. A.E., «Inteligencia artificial y acceso a la justicia: Retos y perspectivas», en CERRILLO, A. / PEGUERA, M. / ANGLÉS, B. (Eds.), *Retos jurídicos de la Inteligencia Artificial*. Cizur Menor, Aranzadi, 2020.

VIOLA, F., *De la naturaleza a los derechos*, trad. de V. Bellver, Granada, Comares, 1998.

VIOLA, F. / ZACCARIA, G., *Diritto e interpretazione. Lineamenti di teoria Ermeneutica del diritto*. Roma / Bari, Laterza, 2001.

VOLPI, F., «Rehabilitación de la filososofía práctica y neo-aristotelismo», *Anuario Filosófico*, 32, 1999.

WALTON, D. / GORDON, T.F., «A Carneades reconstruction of Popov v. Hayashi», *Artificial Intelligence and Law*, 20, 2012.

WALLACH, W. / VALLER, S., «Moral machines. From Value Alignment to Embodied Virtue», en *Ethics of Artificial Intelligence*. Oxford, Oxford University Press, 2020.

WALTON, D. / GORDON, T., «Formalizing Informal Logic», *Informal Logic*, 35, 2015.

WALTON, D. / SARTOR, G. / MACAGNO, F. «An Argumentation framework for contested cases of statutory interpretation», *Artificial Intelligence Law*, 24, 2016.

WALTON, D. / GORDON, T., «Argument Invention with the Carneades Argumentations System», *Scripted*, 14, 2017.

WEINBERGER, O., «Topik und Plausibilitätsargumentation», *Archiv für Rechts-und Sozialphilosophie*, 59, 1973.

WEINBERGER, O., *Logische Analyse in der Jurisprudenz*, Berlín, Duncker & Humblot, 1979.

WEIZENBAUM, J., *La frontera entre el ordenador y la mente*. Trad. de S. Pérez Fuentes. Madrid, Pirámide, 1978. (La edición original es de 1976).

WOLFF, L., *Algorithmen als Richter. Verfassungsrechtliche Grenzen entscheidungsrtreffender Rechtsgeneratoren in der Rechtsprechung*. Trier, Universidad de Trier, 2022.

YNTEMA, H., «The Rational Basis of Legal Science», *Columbia Law Review*, 31, 1931.

YOUNG, K., «Why worry about decision-making by Machine», en YOUNG, K. / LODGE, M., *Algorithmic Regulation*, Oxford, Oxford University Press, 2019.

ZACCARIA, G., «Dimensiones de la hermenéutica e interpretación jurídica», *Persona y Derecho*, 35, 1996.

ZACCARIA, G., *Razón jurídica e interpretación*. Trad. de A. Messuti. Civitas, Madrid, 2004.

ZADEH, L., «Fuzzy Sets», *Information and Control*, 8, 1965.

ZURITA, I., *La responsabilidad civil por los daños causados por los robots inteligentes como productos defectuosos*, Barcelona, Reus, 2020.

Guía de uso

¡ENHORABUENA!

ACABAS DE ADQUIRIR UNA OBRA QUE **INCLUYE LA VERSIÓN ELECTRÓNICA.**
APROVÉCHATE DE TODAS LAS FUNCIONALIDADES.

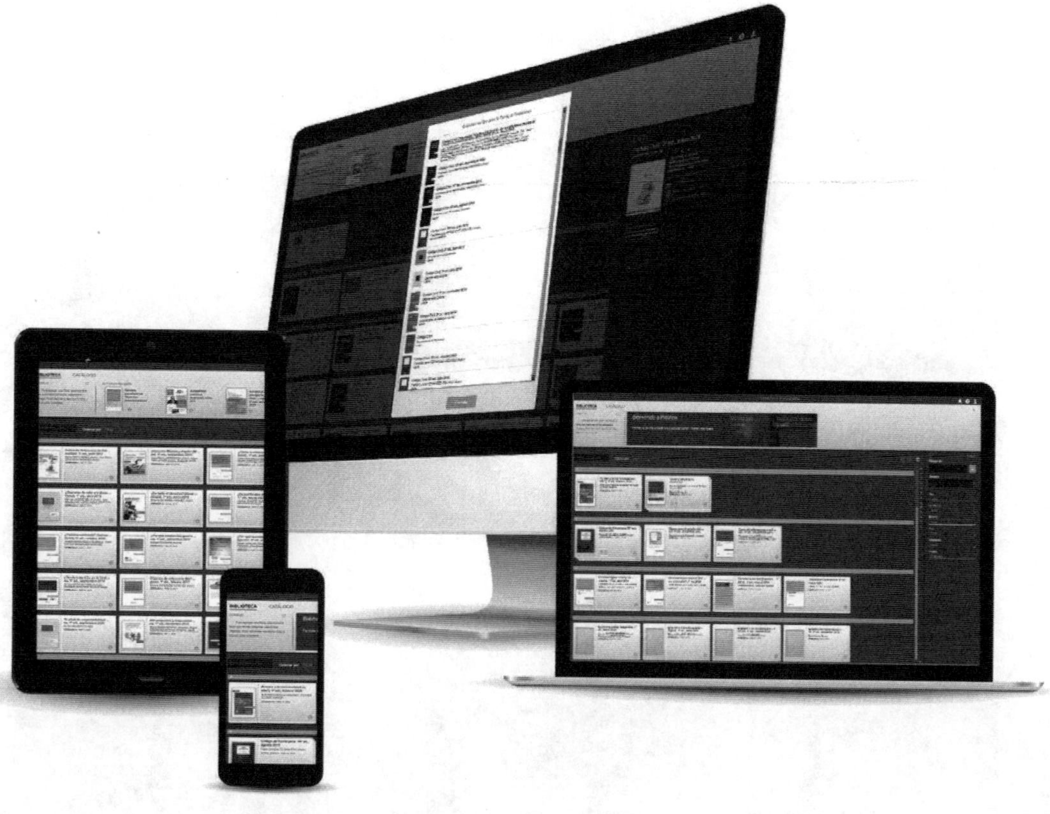

ACCESO INTERACTIVO A LOS MEJORES LIBROS JURÍDICOS

ARANZADI

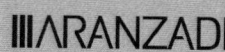

FUNCIONALIDADES

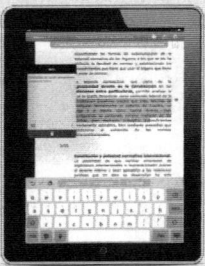

**SELECCIONA
Y DESTACA TEXTOS**

Crea anotaciones y escoge los
colores para organizar tus notas y
subrayados.

**USA EL TESAURO PARA
ENCONTRAR INFORMACIÓN**

Al comenzar a escribir un término,
aparecerán las distintas coincidencias del índice del Tesauro relacionadas con el término buscado.

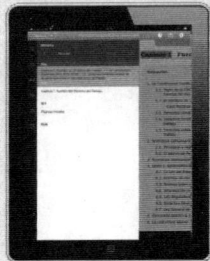

HISTÓRICO DE NAVEGACIÓN

Vuelve a las páginas por las
que ya has navegado.

ORDENAR

Ordena tu biblioteca por:
Título (orden alfabético),
tipo (libros y revistas), editorial,
jurisdicción o área del Derecho.

**CONFIGURACIÓN Y
PREFERENCIAS**

Escoge la apariencia de tus libros
y revistas cambiando la fuente del
texto, el tamaño de los caracteres,
el espaciado entre líneas o la
relación de colores.

MARCADORES DE PÁGINA

Crea un marcador de página en
el libro tocando en el icono de
Marcador de página situado en
el extremo superior derecho de la
página.

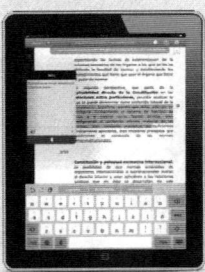

BÚSQUEDA EN LA BIBLIOTECA

Busca en todos tus libros y
obtén resultados con los libros
y revistas donde los términos
fueron encontrados y las veces que
aparecen en cada obra.

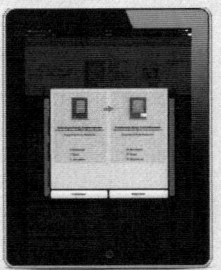

**IMPORTACIÓN DE
ANOTACIONES A UNA NUEVA
EDICIÓN**

Transfiere todas sus anotaciones y
marcadores de manera automática
a través de esta funcionalidad.

SUMARIO NAVEGABLE

Sumario con accesos directos
al contenido.

Estimado/a cliente/a,

Para acceder a la versión electrónica de este libro, por favor, accede a **http://onepass.aranzadi.es** Tras acceder a la página citada, introduce tu dirección de correo electrónico (*) y el código que encontrarás en el interior de la cubierta del libro.

A continuación pulsa enviar.

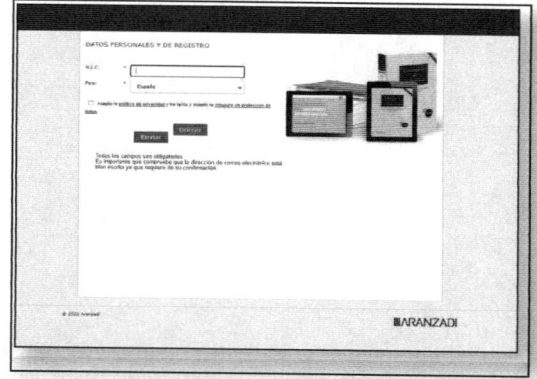

Si te has registrado anteriormente en OnePass, en la siguiente pantalla se te pedirá que introduzcas el NIF asociado al correo electrónico.

Finalmente, te aparecerá un mensaje de confirmación y recibirás un correo electrónico confirmando la disponibilidad de la obra en tu biblioteca.

Si es la primera vez que te registras en **OnePass,** deberás cumplimentar los datos para crear tu cuenta y poder acceder a tu libro electrónico.

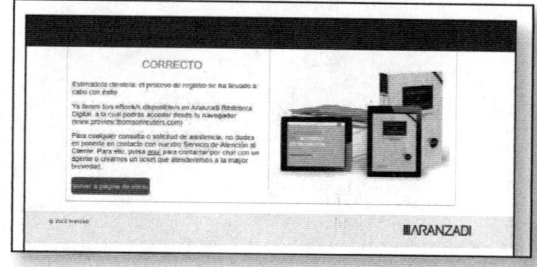

- Los campos **"Nombre de usuario"** y **"Contraseña"** son los datos que utilizarás para acceder a las obras que tienes disponibles a través del navegador en la ruta www.proview.thomsonreuters.com

Servicio de Atención al Cliente

Ante cualquier incidencia en el proceso de registro de la obra no dudes en ponerte en contacto con nuestro Servicio de Atención al Cliente. Para ello accede a nuestro Portal Corporativo y una vez allí en el apartado del Centro de Atención al Cliente selecciona la opción de Acceso a Soporte para no Suscriptores (compra de Publicaciones).